실전 투자가 강해지는
최소한의 경제지표

일러두기

- 투자로 인한 손익의 책임은 투자자 본인에게 있으며, 본서는 독자의 투자 결과에 대한 법적 책임 소재 관련 증빙 자료로 활용될 수 없습니다.
- 본 도서 내용에 대한 신규 정보 업데이트는 '치과아저씨의 투자 스케일링'이 운영하는 독자 게시판을 참고해주시기 바랍니다.

치과아저씨의 투자 스케일링과
함께하는 부의 로드맵

실전 투자가 강해지는
최소한의 경제지표

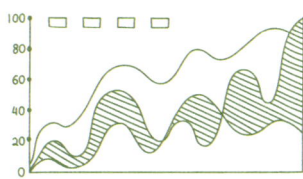
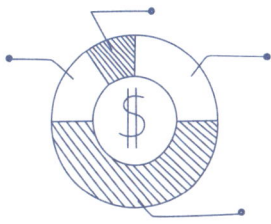
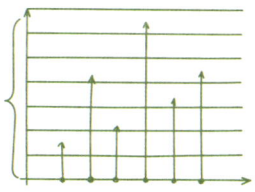
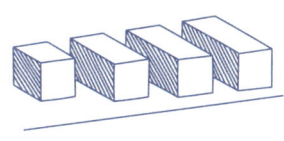
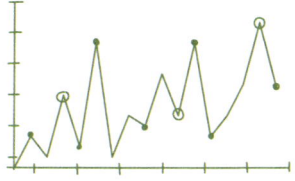

치과아저씨(팀 연세덴트) 지음

한발 앞서
경제의 흐름을 파악하고
투자에 활용하는 법

금리, 물가, 환율, 경기, 고용,
안전자산·위험자산, 원자재
투자의 성패를 결정짓는
7가지 경제지표를 완벽하게 정복한다

한스미디어

시작하기 전에

　인간은 시련을 통해 계단식 성장을 한다는 격언이 있습니다. 저희 팀명인 치과아저씨에서 알 수 있듯, 오랜 시간 전문직에 몸담으며 꾸준한 근로소득을 올려왔음에도 불구하고 어느 순간 근로소득의 한계를 뼈저리게 느끼게 되었습니다. 단순히 노동만으로는 모두가 원하는 경제적 자유에 다가가기 어렵다는 사실, 이를 받아들이며 우리는 한 단계 더 도약하기 위해 '트레이딩'이라는 새로운 세계에 첫발을 들이게 되었습니다.

　처음 트레이딩을 시작했을 때, 우리의 기대와 현실은 전혀 달랐습니다. 책에서 배운 이론들이 현실 시장에 그대로 적용되지 않는다는 사실을 깨닫기까지 그리 오랜 시간이 걸리지 않았습니다. 비싼 수업료를 치르며 수많은 시행착오를 겪었고, 손실과 실패를 반복하며 낙담하기도 했습니다. 하지만 그 과정에서 얻은 가장 큰 수확은 바로 '기술적 분석'이라는 강력한 무기를 체득하게 되었다는 점입니다. 초반의 어려움을 극복하고 난 후에는, 이 무기를 통해 어느 정도의 꾸준한 수익을 실현하는 단계까지 오를 수 있었습니다.

하지만 시장은 언제나 예측 불가능한 변수로 가득 차 있었고, 코로나19(COVID-19) 팬데믹이라는 전례 없는 사태가 벌어지며 자산시장은 거센 폭풍 속으로 휘말리게 되었습니다. 위험자산 가격이 급격히 폭락하고 모두가 절망에 빠져 있을 때, 미국 연방준비제도의 강력한 양적 완화 정책으로 인해 자산시장은 다시 급격한 V자 반등을 보여주었습니다. 그러나 안도감도 잠시, 곧이어 인플레이션이라는 새로운 위기가 도래하였고, 2022년에는 다시 한번 연방준비제도의 급격한 금리 인상이 시작되었습니다.

이러한 거대한 시장 흐름은 트레이더들에게 시장을 움직이는 보다 큰 힘, 즉 거시경제의 중요성을 강조하는 기회가 되었습니다. 시장은 성장하지 못한 투자자들을 기다려주지 않았으며, 저희 역시 이 시기를 보내며 더 많은 무기를 장착해야만 한다는 깨달음을 얻었습니다. 이러한 흐름 속에서 투자를 해나가다 보니 거시경제의 흐름을 파악하는 방법을 몸에 익힐 수 있었으며, 이와 함께 한 걸음 더 성장했다고 감히 말씀드릴 수 있게 되었습니다.

금리, 물가, 환율, 경제지표와 같은 거시경제지표들은 자산시장에 유입되거나 이탈하는 '돈의 흐름'을 결정짓는 중요하고도 급격한 변수입니다. 어떤 트레이더들은 거시경제지표들의 흐름을 강의 본류에, 차트와 데이터를 지류에 비유하기도 합니다. 거시경제지표의 흐름을 이해하고 트레이딩하면 적어도 물줄기를 역행하는 어려운 행위를 하지 않아도 된다는 것입니다. 그 때문에 자신의 트레이딩 간격이 짧은 스캘퍼이든 장기 투자를 주로 하는 가치투자자이든 리스크 관리를 위해 최소한의 거시경제 흐름을 이해하고 예측하는 것은 필수적입니다.

이 책에서 한 가지 분명히 하고 싶은 점은, 이 책이 결코 난이도가 높은 전문적인 경제학 이론을 다루려는 책이 아니라는 것입니다. 저자들은 경제학 전공자가 아니며, 그저 트레이딩으로 안정적인 수익을 창출하고자 고군분투하는 평범한 실전 투자자일 뿐입니다. 하지만 오히려 그렇기 때문에 초보 투자자분들이 실제 시장에서 겪을 수 있는 현실적인 문제와 그 해결법을 더욱 공감하고 이해하기 쉽게 풀어낼 수 있다고 자신합니다.

시중에는 이미 원론적이고 학문적인 경제 이론을 훌륭하게 설명한 책들이 많습니다. 하지만 이 책은 '안정적인 수익을 창출하는 실전 트레이더'가 되기 위해 반드시 알아야 할 최소한의 거시경제 지식과 주요 지표들을 실전 투자자의 시각에서 현실적으로 접근하는 내용을 담고 있습니다. 마치 치과 치료를 앞두고 겁먹은 환자 분들에게 어려운 의학적 내용을 쉽게 설명하며 안심시키고 용기를 북돋아 드리는 것처럼, 이 책 또한 독자 여러분께 투자에 대한 두려움을 줄이고, 투자 여정에 자신감을 드리는 것이 목표입니다.

모쪼록 이 책이 여러분의 투자 여정에 든든한 길잡이가 되어줄 수 있기를 진심으로 바랍니다. 트레이딩이라는 험난한 여정을 떠나는 여러분 모두에게 이 책이 따뜻한 격려와 용기를 주는 동반자가 되기를 기대합니다. 감사합니다.

이 책을 활용하는 법

이 책에서는 먼저 투자와 관련된 거시경제(Macro)를 구성하는 가장 기본적인 개념들인 금리, 물가, 환율, 경기, 고용, 그리고 안전자산과 위험자산에 대한 내용을 다루게 됩니다. 이 개념들에 대해 가장 먼저 1장에서는 크고 가독성이 좋은 한 페이지 정도의 모식도와 함께 기본적인 정의를 다루었습니다. 하지만 모식도를 보고 정의를 보았을 때 이해가 안 가거나 모르는 개념이 있다고 해도 걱정할 필요는 없습니다.

2장에서는 이 모식도와 정의를 바탕으로 상세하게 투자자들이 알아야 할 기초적인 거시경제 개념에 대해 짚어드릴 예정입니다. 약간의 사례를 곁들인 부분이 있으나 대부분의 내용은 시간이 지나더라도 거의 변하지 않는 개념에 해당하는 내용입니다. 2장을 통해 기초적인 거시경제 개념을 모두 익혔다면 아마 이 모든 거시경제 개념들은 서로 연결되어 있다는 생각이 드실 것입니다.

3장에서는 이러한 기초 개념들을 실제로 어떻게 적용할 수 있는지에 대해 다룹니다. 실전 투자자들이 꼭 참고해야 하는 주요 경제지표들에 대해 다루었으며, 이 지표들이 어떤 순서로 발표되는지, 그리고 경제지표들을 해석함에 있어 꼭 알아두어야 하는 경제지표들의 특징에 대해 다루었습니다.

4장에서는 앞에서 다루었던 이 모든 거시경제 개념이 어떤 흐름을 가지고 연결되는지 팀 치과아저씨에서 심혈을 기울여 제작한 모식도를 통해 한눈에 알아볼 수 있습니다. 4장의 모식도는 실제 투자에 있어서도 각종 지표의 발표 시마다 펼쳐놓고 볼 수 있는 나침반과 같은 역할을 할 수도 있도록 제작하였습니다.

전체적으로는 책을 앞에서부터 흐름대로 이해가 충분히 될 때까지 정독하시는 것을 권장드리며, 실제 거시경제 이슈의 발표 때는 이 책을 가까이 두며 항상 발췌독하여 필요한 부분을 찾아 읽으시길 권장드립니다.

그럼 팀 치과아저씨의 세 번째 책인 《실전 투자가 강해지는 최소한의 경제지표》를 시작해보도록 하겠습니다.

목차

시작하기 전에   4
이 책을 활용하는 법   8

1장
한눈에 살펴보는 경제지표의 기본 구조

01 금리 16   02 물가 18
03 환율 20   04 경기 22
05 고용 24   06 안전자산과 위험자산 26
07 원자재 28

2장
투자하기 전에 꼭 알아야 할 7가지 경제지표 마스터하기

01 금리: 경제의 온도 조절 장치   32
    돈에도 가격이 있다?   32
    다양한 금리의 종류   34
    경제의 열쇠, 금리   37
    금리 인상기와 인하기의 투자 전략   38

> **치과아저씨의 경제지표 특강**
> **코로나19 팬데믹 이후 세계 경제 정책의 흐름:**
> **양적 완화와 제로 금리, 그리고 양적 긴축과 금리 인상까지**   43

02 물가: 왜 계속 오르기만 할까?   46
    물가는 원래 오르게 되어 있다?   46
    물가를 잡는 키워드: 명목 금리와 실질 금리에 대한 이해   51

물가에 영향을 끼치는 다양한 요소들	54
한없이 물가가 오를 수 있을까: 자산의 버블 발생 및 붕괴 사이클	57

치과아저씨의 경제지표 특강
역사상 가장 유명한 버블, 튤립 이야기: 17세기 네덜란드에서 벌어진 광기의 기록   64

03 환율: 통화의 상대가치를 이해하면 투자가 강해진다   66

환율: 1000원과 1000달러의 가치는 당연히 다르다	66
지금 달러가 싼 것인지, 비싼 것인지는 어떻게 알 수 있을까?	68
달러 인덱스와 원/달러 환율을 조합하여 최선의 투자 전략 찾아내기	73

치과아저씨의 경제지표 특강
화폐의 역사는 신뢰의 역사였다: 금본위제와 브레튼우즈 체제, 그리고 닉슨 쇼크   83

04 경기: 좋을 때와 나쁠 때의 투자 방향은 달라야 한다   85

투자자들의 필수 덕목, 경기에 맞추어 행동하라	85
경기의 순환을 이해하면 시장의 계절을 지배할 수 있다	88
통화량과 경기: 같은 통화량 증가가 금리를 다르게 움직이는 이유	93
호황기와 불황기의 투자 원칙	95

치과아저씨의 경제지표 특강
일본의 저금리 현상: 30년 장기 침체의 그림자   99

05 고용: 낮은 실업률의 딜레마   102

완전고용: 과연 최선의 상태일까?	102
완전고용의 역설: 단기 필립스 곡선의 개념과 한계	105
수정된 필립스 곡선과 경제정책의 방향성	109
듀얼 맨데이트의 이해와 고용지표를 활용한 투자 전략	112

치과아저씨의 경제지표 특강
정책이 무력했던 시대, 1970년대 오일쇼크와 스태그플레이션   117

06 안전자산과 위험자산: 안전하다는 착각과 위험하다는 편견   121

안전자과 위험자산, 어떻게 나눌까?	121
'안전자산'이라는 이름의 환상	125
위험자산이 숨기고 있는 기회	130
진짜 안전한 포트폴리오란?	134

치과아저씨의 경제지표 특강
사례로 보는 금 가격 변동과 경제의 관계   141

07 원자재: 거시경제의 선행자 145
투자에서도 빼놓을 수 없는 원자재 145
원유: 현대 경제를 움직이는 산업의 혈액 146
금: 천상천하 유아독존, 안전자산의 최고봉 159
구리: 제조업 경기의 체온계 164
희토류: 미–중 기술 패권의 무기 168
밀: 정치·기후에 민감한 생존 자원 174

> **치과아저씨의 경제지표 특강**
> **원유 가격 변동과 경제 관계의 주요 사례들** 180

3장
경제 일정을 따라 정리하는
다양한 경제지표들

01 주간 단위 지표: 시장을 빠르게 읽는 실전 투자자들의 무기 188
신규 실업수당 청구 건수(고용) 188
원유재고(경기) 189

02 월간 단위 지표: 흐름을 읽고 추세를 잡는 경제의 맥박 191
소비자물가지수(물가) 191
근원 소비자물가지수(물가) 192
생산자물가지수(물가) 192
근원 생산자물가지수(물가) 193
개인소비지출물가지수(물가) 193
근원 개인소비지출물가지수(물가) 194
고용보고서(고용) 194
노동부 JOLTs(고용) 195
ADP 비농업 부문 고용 변화(고용) 195
FOMC 회의(정책) 196
FOMC 의사록(정책) 196

03 분기 단위 지표: 거시경제와 실물경제의 연결 고리 198
GDP(경기) 198
FOMC 점도표 200

04 꼭 알아두어야 하는 경제지표들의 특징 · 202

Good is Good vs. Bad is Good · 202
CPI와 PCE의 차이 · 204
PPI가 CPI를 선행하는 이유 · 208
물가 구성 요소별 세부 지표 확인하는 법 · 211
물가지표 변화를 확률 높게 예측하는 법 · 216
고용지표 간의 관계 · 220
FOMC 성명서, 의장 질의응답, 의사록 확인하는 법 · 223
점도표 해석법 · 223

4장 모식도를 통해 익히는 실전 투자 감각

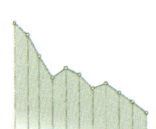

모식도 1 시장이 '현재 금리가 높다'고 판단하는 상황 · 234

시장의 판단: "지금 금리는 너무 높다" · 235
그러나 연준은 금리를 인하하지 않는다. 아니, 인하하지 못한다 · 235
물가지표가 낮게 나와주었을 때 · 236
물가지표가 예상보다 높게 발표되었을 때 · 238
사례로 살펴보는 [모식도 1] · 240

모식도 2 시장이 '현재 금리가 낮다'고 판단하는 상황 · 248

시장의 판단: "지금 금리는 너무 낮다" · 249
그러나 연준은 금리를 인상하지 않는다. 아니, 인상하지 못한다 · 249
경기 및 고용 지표가 낮게 발표되었을 때 · 250
경기 및 고용 지표가 높게 발표되었을 때 · 251

모식도 3 한국을 포함한 이머징 마켓의 증시 · 255

환율의 움직임과 외국인 자금 흐름의 관계 · 256
금리차의 변화와 외국인 자금 흐름의 관계 · 257

부록 실전 투자에 도움이 되는 경제지표 사이트 · 261

1장

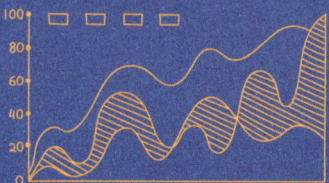

한눈에 살펴보는
경제지표의 기본 구조

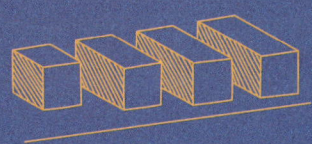
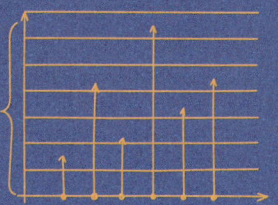

01
금리

돈으로부터 얻어지는 이익, 돈의 가격

금리의 종류: 장기·단기 금리, 기준 금리, 시장 금리, 명목 금리, 실질 금리, 콜 금리, 표면 금리, 환매조건부채권 금리, 전환사채 금리, LIBOR, SOFR 등으로 매우 다양하다.

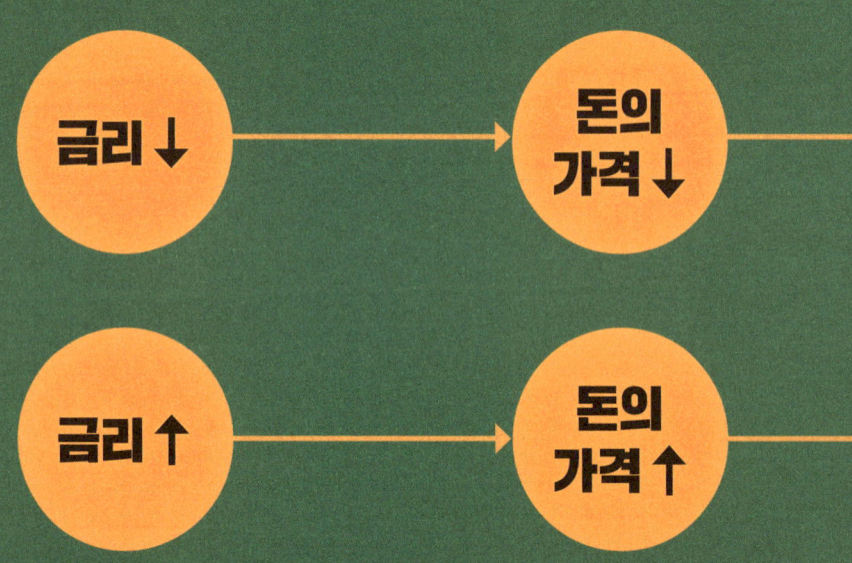

- **금리** 자금을 빌리거나 빌려준 대가로 지불되는 비용의 비율.
- **장기 금리** 주로 10년 이상 장기 대출이나 채권에 적용되는 금리.
- **단기 금리** 1년 미만의 대출, 채권 또는 금융 상품에 적용되는 금리.
- **기준 금리** 중앙은행이 설정한 금리로 다른 금리의 기준이 되는 역할을 함.
- **시장 금리** 금융시장에서 수요와 공급에 의해 결정되는 금리.
- **명목 금리** 물가상승률을 고려하지 않고 명시된 금리.
- **실질 금리** 명목 금리에서 물가상승률을 뺀 금리.
- **콜 금리** 금융기관 간 단기 자금 거래에서 적용되는 초단기(보통 하루짜리) 금리.
- **표면 금리** 채권의 명목 가치에 대한 이자율.
- **LIBOR**(London Interbank Offered Rate) 런던 금융시장에서 은행 간 단기 대출에 적용되는 금리.
- **SOFR**(Secured Overnight Financing Rate) 미국 단기 자금시장에서 보증부 금융 거래에 적용되는 금리.

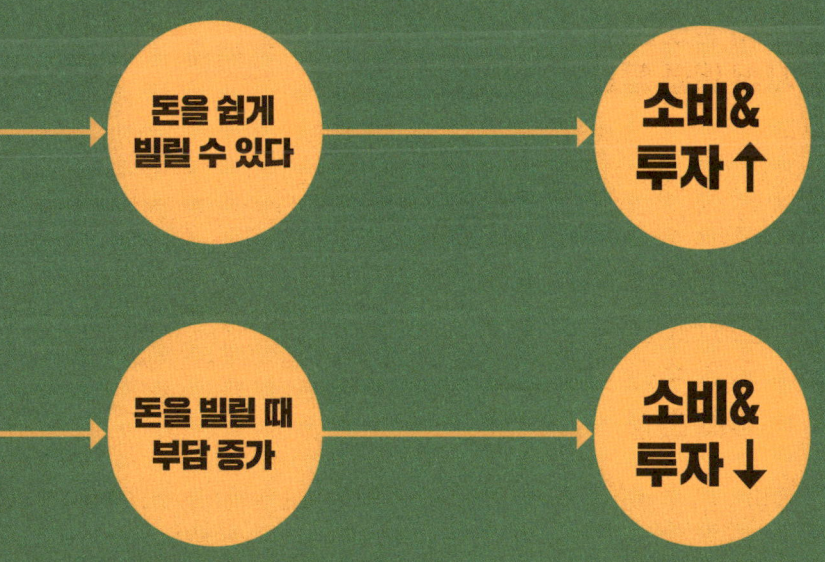

02 물가

물가 상승

- 물가는 정상적으로 상승하도록 설계되어 있다. (연준 목표: 연 2%)
- 안정적인 물가 상승은 경제 성장과 고용에 긍정적인 영향을 미친다.

자산 버블 사이클

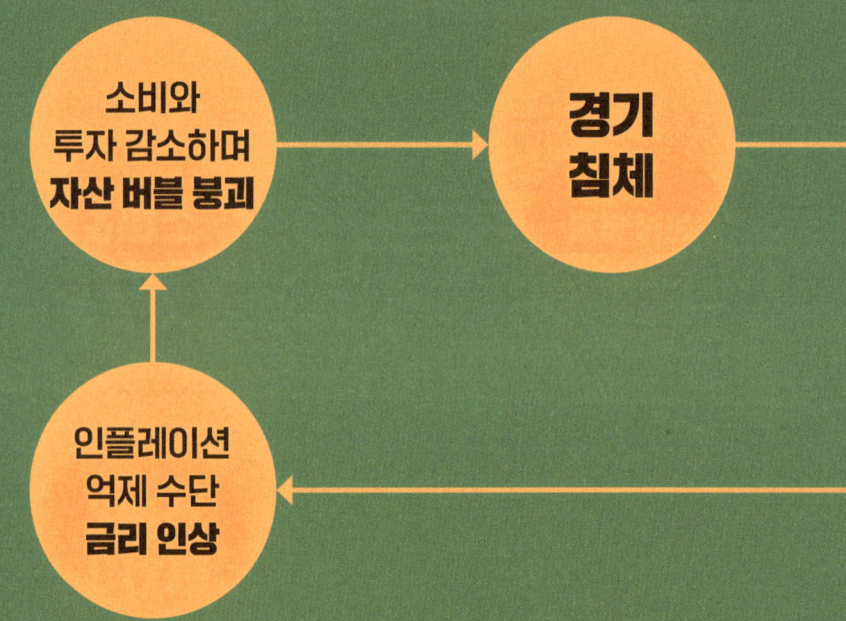

명목 금리 vs. 실질 금리

- **명목 금리** 인플레이션을 반영하기 전 금리.
- **실질 금리** 명목 금리 − 인플레이션율. 실질 금리는 구매력의 변화를 반영한다.

- **양적 완화** 중앙은행이 전통적인 금리 인하 정책만으로 경제 부양 효과가 충분하지 않을 때 시장에 유동성을 공급하는 방식. 정부 채권, 회사채, 주택저당증권 등 다양한 금융 자산을 매입함.
- **양적 긴축** 중앙은행이 보유 중인 자산을 축소하거나 만기된 채권을 재매입하지 않음으로써 시장 내 유동성을 줄이는 정책.

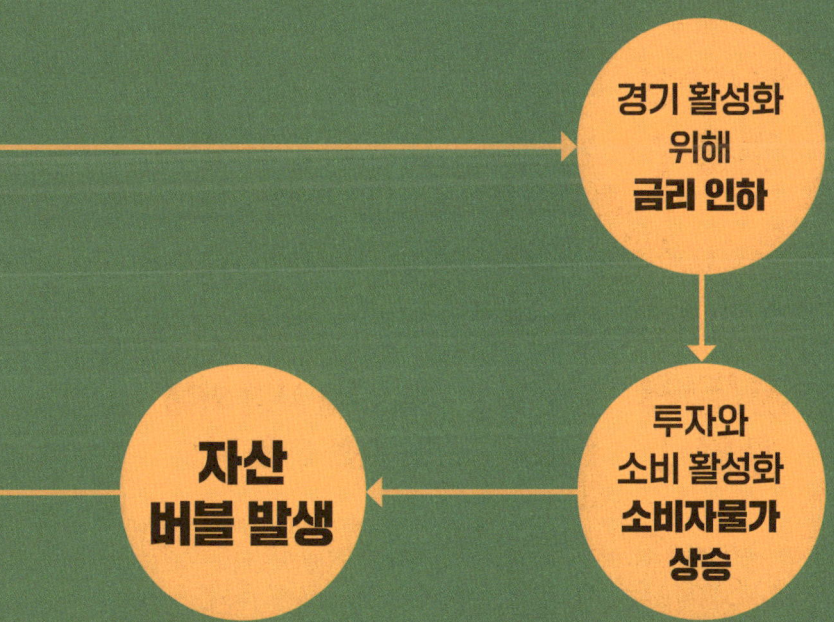

03
환율

1000원 ≠ 1000달러

한 나라의 화폐가 다른 나라의 화폐와 비교해 어느 정도의 가치를 지니고 있는지를 나타내는 숫자.

원/달러 환율 ↑ → 1달러를 사기 위해 더 많은 원화 필요

원/달러 환율 ↓ → 1달러를 사기 위해 더 적은 원화 필요

달러 인덱스

미국 달러의 상대적인 가치를 유로, 일본 엔화, 영국 파운드, 캐나다 달러, 스웨덴 크로나, 스위스 프랑에 비교하여 나타낸 지표.

- **원/달러 환율** 1달러를 사기 위해 몇 원이 필요한가?
  달러당 원화 가격.
  달러와 원화 사이의 상대적 강세/약세 여부를 알 수 있음.
- **달러 인덱스** 국제 외환시장에서 달러의 상대적 강세와 약세를 평가할 수 있음.
  1973년 당시의 달러 가치를 100으로 두고 있음.
  국제 외환시장을 넘어 글로벌 경제활동 전반에 영향을 미치는 중요한 신호.

원/달러 환율과 달러 인덱스를 조합하여 투자 방향을 설정해나갈 수 있다.

→ **원화 가치↓ & 달러 가치↑**

→ **원화 가치↑ & 달러 가치↓**

04 경기

경제에서 매매나 거래가 이루어지는 시장의 전반적인 상황을 나타낸다.

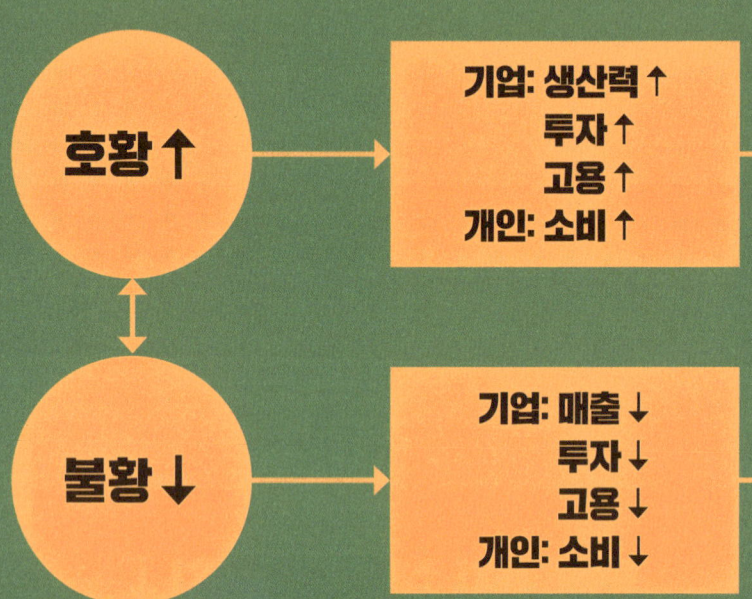

"경기의 순환을 이해하여"

- 경기를 변화시키는 요인은 너무나도 많다.
  → 세계적인 경제 환경 변화, 지정학적 리스크, 정부의 정책적 대응, 중앙은행의 통화정책 변화 등등 수많은 복합적인 요인이 작용.
- 확실한 것은 경제는 순환하며, 투자자들은 경기의 변화를 이해하고 이에 맞춰 행동해야 한다는 것.
  → 호황기와 불황기의 투자 전략은 달라야 한다!

투자 심리 ↑
위험자산 시장 ↑

투자 심리 ↓
위험자산 시장 ↓

시장의 계절을 지배하라!"

05
고용

완전고용은 정답이 아닐 수 있다.

완전고용의 역설

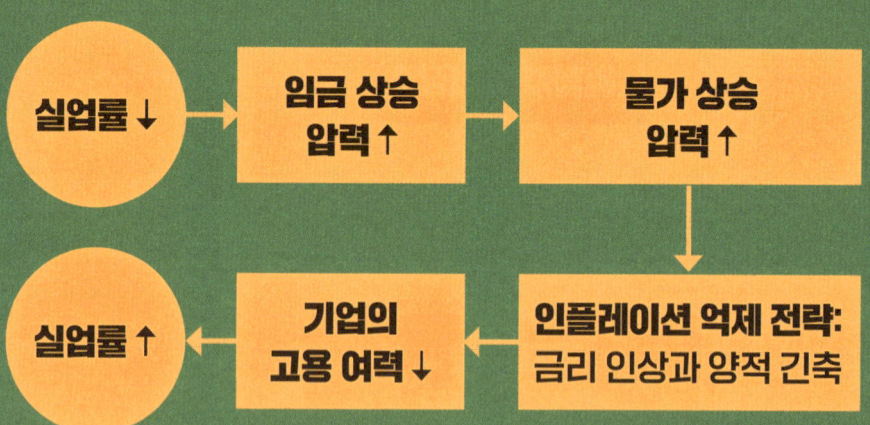

싱글 맨데이트 vs. 듀얼 맨데이트

- **싱글 맨데이트** 인플레이션 목표치를 명확하게 설정.
- **듀얼 맨데이트** 물가와 고용, 두 마리 토끼를 잡기 위한 전략.

단기 필립스 곡선과 그 한계

1. 기대 인플레이션 고려 ×
2. 외부적 요인에 대한 설명력 부족.
3. 정부 정책만으로 한계 명확함.

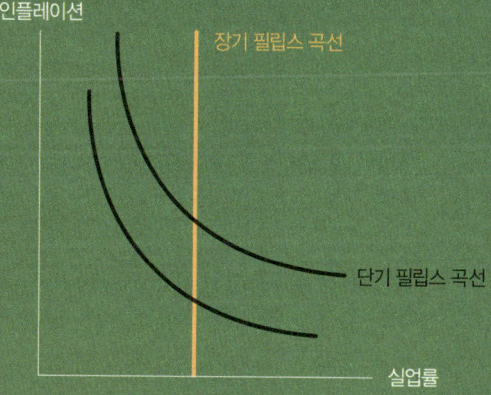

06
안전자산과 위험자산

안전하다고 믿었던 자산이 위험해질 수도, 위험하다고 생각했던 자산이 오히려 더 안전한 선택이 될 수도 있다.

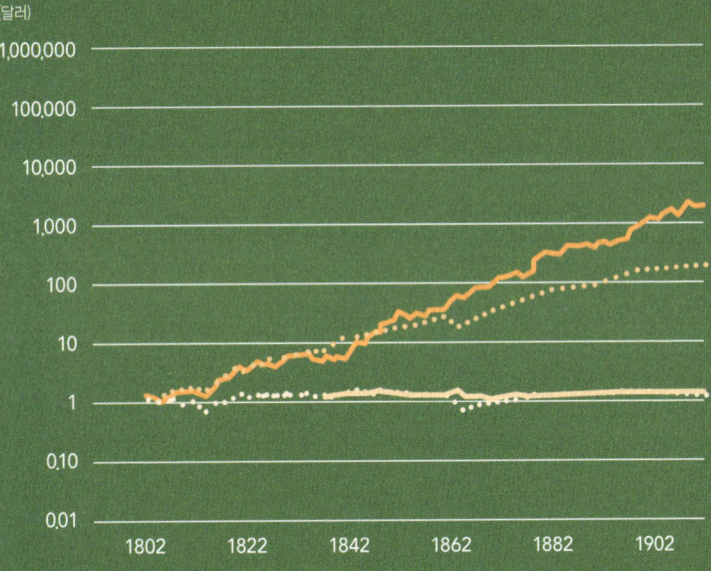

미국 주식·채권·단기국채·금·달러의 실질 수익률 비교, 1802-2012

안전자산의 함정
1. 안전자산의 버블에 주의하라!
2. 현금은 손실이 나지는 않지만 구매력이 떨어질 수 있다.

위험자산, 안전하게 투자하기
1. '위험자산 선호 국면'에 들어가라.
2. 위험자산 시장이 '과열'되었을 때 빠져라.

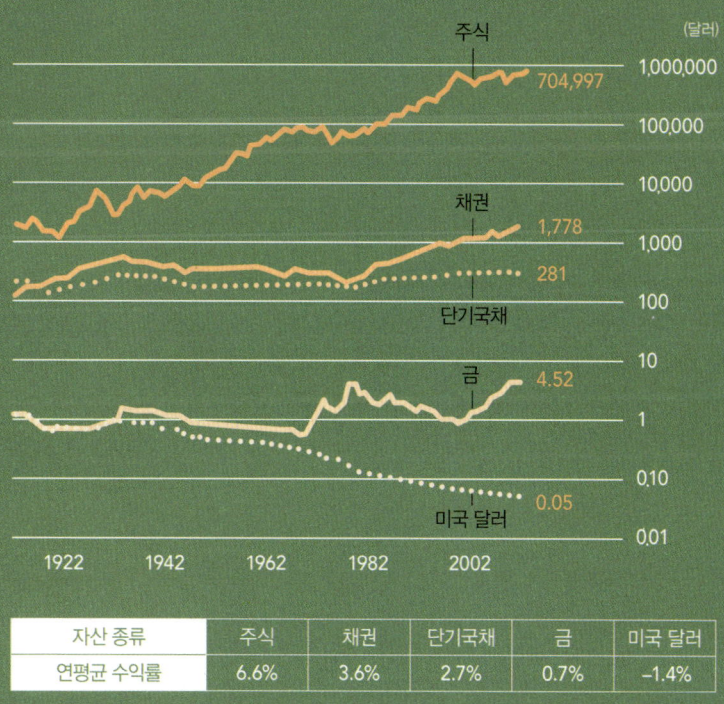

자산 종류	주식	채권	단기국채	금	미국 달러
연평균 수익률	6.6%	3.6%	2.7%	0.7%	−1.4%

07 원자재

원자재:
거시경제의 선행자

→ 원유: 현대 경제를 움직이는 산업의 혈액

- '검은 황금'이라는 별명처럼 세계 경제의 가장 강력한 변수 중 하나!
- 유가 상승과 하락, 그 원인을 살펴야 투자에 적절히 이용할 수 있다.

→ 금: 천상천하 유아독존, 안전자산의 최고봉

- 고대부터 금은 화폐이자 보석, 더 나아가 권력의 상징으로 사용되어 왔다.
- 금은 전통적인 안전자산으로, 경기 침체나 국제 정세가 불안정할 때 특히 주목받는 자산이다.

→ 구리: 제조업 경기의 체온계

- 닥터 코퍼(Dr. Copper)라는 별명이 있을 정도로, 시장의 건강 상태를 먼저 알려주는 자산이다.
- 특히 제조업 경기에 민감하며, 실물 수요 중심의 자산으로, 투기적 가격 왜곡이 적다.

→ 희토류: 미-중 기술 패권의 무기

- 정제, 가공의 난이도와 제약이 많은 원자재.
- 중국이 약 85%를 생산해내고 있으며, 따라서 미-중 기술 패권의 무기로 사용될 수 있는 원자재이다.

→ 밀: 정치·기후에 민감한 생존 자원

- 소비자물가에 직접적인 압력을 가하는 원자재.
- 날씨와 전쟁에 매우 민감하며, 공급 탄력성이 매우 낮은 원자재.
- 때로는 한 나라의 운명을 좌지우지할 뿐만 아니라, 무기처럼 사용될 수도 있는 막강한 원자재에 해당한다.

2장

투자하기 전에 꼭 알아야 할
7가지 경제지표 마스터하기

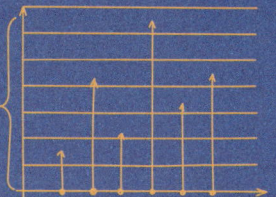

01

금리:
경제의 온도 조절 장치

돈에도 가격이 있다?

금리는 많은 투자자들이 흔히 듣고 자주 사용하는 용어이지만, 그 정확한 개념을 제대로 이해하고 있는 경우는 의외로 많지 않습니다.

금리라는 개념을 한자로 살펴보면, '金利(금리)'로 표기할 수 있습니다. 여기서 '금(金)'은 문자 그대로 '돈'을 뜻하며, 자본이나 재화를 상징적으로 나타냅니다. 그리고 '리(利)'는 '이로울 리'라는 의미로, '이익' 혹은 '혜택'이라는 뜻을 내포하고 있습니다. 이 두 글자를 결합하여 해석하면, 결국 금리란 '돈으로부터 발생하는 이익'이라는 의미를 가지게 됩니다.

조금 더 직관적이고 쉬운 이해를 돕기 위해 금리를 '돈의 가격*'이라고 정의하기도 합니다. 돈이 하나의 상품이라고 생각한다면, 금리는 바로 그 상품의 가격에 해당하는 것이지요. 돈을 빌려주고 받는 이자, 또는 돈을 빌려 사용할 때 지불해야 하는 비용이 바로 금리라는 것입니다.

금리는 경제 전반에 걸쳐 매우 중요한 역할을 수행합니다. 개인, 기업, 국가 등 모든 경제주체들이 자금을 조달하거나 투자할 때 금리를 기준으로 의사결정을 내리게 됩니다. 예를 들어 금리가 높아지면 돈을 빌리는 데 드는 비용이 증가하기 때문에 소비와 투자가 감소할 수 있으며, 금리가 낮아지면 빌리는 비용이 줄어들어 경제활동이 활발해질 수 있습니다.

중앙은행이나 주요 경제정책 결정자들은 이러한 금리의 특성을 이용하여 '경제의 온도'를 정교하게 조절합니다. 경기가 과열되면 금리를 올려 돈의 흐름을 억제하고 인플레이션을 관리하며, 반대로 경기가 침체될 우려가 있을 때는 금리를 내려 경제활동을 촉진하여 경기를 부양합니다. 이와 같이 금리는 경제의 성장과 안정 사이에서 균형을 맞추기 위한 핵심적인 수단으로 작용합니다.

금리를 이해하는 것은 거시경제를 이해하는 첫걸음입니다. 금

---

* '금리 = 돈의 가격'이라는 정의는 금리의 본질을 단순화한 표현으로, 금리가 통화정책, 금융 안정성, 물가 조정 등 다양한 요인에 의해 조정된다는 점을 함께 고려해야 합니다. 즉 이 표현은 금리를 쉽게 이해하기 위한 비유일 뿐, 보다 더 다양한 맥락에서 금리를 이해하려 노력해야 합니다.

리는 중앙은행의 정책, 시장의 수급, 그리고 국제적인 자금 흐름 등 다양한 요인에 의해 결정되며 이렇게 조정된 금리는 시장에서 채권, 주식, 외환 등 금융 상품의 가치에 영향을 미치게 됩니다.

다양한 금리의 종류

금리의 종류는 매우 다양하며, 각각의 금리는 다양한 경제 환경과 금융시장의 특성을 반영하고 있습니다. 금리는 기본적으로 돈을 빌리거나 빌려줄 때 발생하는 이익을 의미하기 때문에, 금융 상품의 만기 구조에 따라 크게 단기 금리와 장기 금리로 구분할 수 있습니다.

먼저 단기 금리는 만기가 보통 1년 이내인 금융 상품에서 적용되는 금리로, 일반적으로 하루부터 몇 개월 단위의 예금, 대출, 국채 등이 이에 해당합니다. 이와는 반대로 장기 금리는 만기가 1년 이상인 금융 상품에 적용되는 금리입니다. 장기 금리는 만기가 긴 국채, 회사채, 장기 대출 상품 등에서 나타나며, 금융기관과 투자자들은 만기가 길수록 불확실성이 크다는 이유로 더 높은 금리를 요구하게 됩니다. 따라서 정상적인 경제 상황에서는 장기 금리가 단기 금리보다 높아지는 '정상적인 금리 곡선'을 형성하게 됩니다. 만약 이 금리 곡선이 역전된다면, 즉 단기 금리가 장기 금리보다 높아진다면 이는 경기 침체의 신호로 받아들여질 수 있습니다.

다음으로 중요한 개념은 기준 금리와 시장 금리입니다. 기준 금리는 중앙은행에서 결정하며, 말 그대로 금융시장에서 '기준'이 되는 금리를 뜻합니다. 예를 들어 미국의 기준 금리는 미국 연방준비제도(Federal Reserve, Fed, 연준)가 담당하며, 연준의 산하기관인 연방공개시장위원회(Federal Open Market Committee, FOMC)는 연 8회의 정기 회의*를 통해 금리를 결정합니다. 기준 금리의 인상, 인하 또는 동결은 미국뿐 아니라 전 세계 경제에 큰 영향을 미치게 됩니다.

한국의 경우에는 한국은행이 기준 금리를 결정합니다. 한국은행의 금융통화위원회(Monetary Policy Committee, 금통위)는 매달 한 번씩, 연간 총 12회의 정기 회의를 개최하여 기준 금리의 조정 여부를 결정합니다. 기준 금리는 인플레이션 관리, 경제성장률 조정, 환율 안정 등을 위한 중앙은행의 핵심 정책 도구로 활용됩니다.

시장 금리란 특정 국가의 중앙은행이 결정하는 기준 금리와 달리, 금융시장에서 자금의 수요와 공급에 따라 자연스럽게 결정되는 금리를 의미합니다. 시장 금리는 국채, 회사채, 대출, 예금 등 다양한 금융 상품의 이자율 형태로 나타나며, 경제 상황, 투자 심리,

---

* 2024년 기준, 연 8회 정기 회의는 1월 30일, 3월 19일, 4월 30일, 6월 11일, 7월 30일, 9월 17일, 11월 6일, 12월 17일 개최되었으며, 각 회의는 이틀에 걸쳐 진행되었습니다. 한국 시간으로는 통상적으로 회의 개최 이틀 뒤 새벽 3~4시에 주요 결정 사항이 발표됩니다. 특히 3월, 6월, 9월, 12월의 회의에서는 경제 전망 보고서와 점도표(Dot Plot)가 함께 발표됩니다. 자세한 FOMC에 대한 내용은 후반부에서 추가적으로 다루도록 하겠습니다.

국제 금융 환경 등에 민감하게 반응합니다. 중앙은행이 결정하는 기준 금리는 시장 금리에 큰 영향을 미치게 되지만, 시장 금리가 항상 기준 금리를 그대로 따르는 것은 아닙니다.

    시장 금리에 영향을 미치는 요인은 크게 5가지 정도로 정리해 볼 수 있습니다. 첫 번째는 경제성장률입니다. 경제가 성장할 경우 자금의 수요가 증가하기 때문에 금리가 상승하게 됩니다. 반대로 경기 침체 시 금리는 하락합니다. 두 번째는 물가상승률, 즉 인플레이션입니다. 물가상승률이 높을수록 금리는 상승하게 되는데, 보다 자세한 내용은 뒤의 '물가' 파트에서 다루도록 하겠습니다. 세 번째는 중앙은행의 통화정책입니다. 가장 직접적인 영향을 미치는 요인이라 볼 수 있습니다. 네 번째는 국제 금융 환경입니다. 외국의 금리가 변화한다면 국내 기준 금리가 변하지 않았더라도 시장 금리에 영향을 미칠 수밖에 없습니다. 마지막으로 신용 위험이 시장 금리에 영향을 미칠 수 있습니다. 즉 차입자의 신용도가 금리를 결정하게 되는 것입니다. 차입자의 신용도가 낮을수록 높은 금리가 적용되며, 이는 회사채에서 회사의 신용도에 따른 금리, 예금 시 은행의 신용도에 따른 금리차, 대출 시 개인의 신용도에 따른 금리 차이를 생각해본다면 쉽게 이해할 수 있습니다.

    이외에도 콜금리, 환매조건부채권(RP) 금리, 전환사채(CB) 금리, 국제적으로 널리 사용되었던 LIBOR(런던은행간금리), SOFR 등의 다양한 금리들이 존재합니다. 그러나 이 금리들은 주로 전문적인 금융 거래나 국제 금융시장과 관련된 지표로서 일반 투자자들에게는 중요도가 상대적으로 낮습니다.

경제의 열쇠, 금리

그렇다면 금리가 오르고 내릴 때 어떤 일이 일어나게 될까요? 단순하게 생각한다면 금리가 낮아질 경우 '돈의 가격'이 낮아지는 것과 같으며 돈을 빌리는 비용이 줄어들기 때문에 소비와 투자가 늘어나게 됩니다. 반대로 금리가 높아지면 '돈의 가격'이 높아지는 것과 같기 때문에 소비와 투자가 위축됩니다. 하지만 이 정도만으로는 복잡한 금리를 설명하기엔 한참 무리가 있습니다. 이번 파트에서는 크게 국내·국외로의 수급, 그리고 자산 간의 수급 변화, 마지막으로 금리와 물가의 관계에 포커스를 맞추어 살펴보도록 하겠습니다.

첫째, 한 나라의 금리가 오른다는 것은 쉽게 생각했을 때 그 나라의 '돈의 가격'이 오른 것이라 볼 수 있습니다. 예를 들어 미국의 금리가 오른다면 미국의 화폐인 달러화의 가치가 오른 것이라 볼 수 있는 것입니다. 금리가 오르면 상대적으로 높은 금리를 제공하는 시장이 매력적으로 보이게 되어 외국인 투자자들이 자금을 해당 시장으로 이동시킬 가능성이 커집니다. 이는 외환시장과 자본시장에 영향을 미치게 되고, 환율과 자산 가치의 변동을 초래할 수 있습니다.

둘째, 금리 상승은 안전자산*으로의 자금 이동을 유발하는 경향이 있습니다. 반대로 금리가 낮아질 경우 투자자들은 더 높은 수익을 기대하며 위험자산**으로 자금을 이동시키게 됩니다. 이러한 자금의 이동은 금융시장과 투자 환경에 큰 영향을 미치게 됩니다. 위 내용은 뒤에서 보다 자세히 다루도록 할 예정입니다.

셋째, 금리는 물가에도 직접적인 영향을 미칩니다. 금리가 높아지면 돈을 빌리는 데 드는 비용이 늘어나기 때문에 소비와 투자가 줄어들고, 이는 수요 감소로 이어져 물가를 안정시키는 효과를 냅니다. 반대로 금리가 낮아질 경우 소비와 투자가 증가하며 물가가 상승할 가능성이 높아집니다.

금리 인상기와 인하기의 투자 전략

중앙은행은 항상 특정한 목표를 가지고 금리를 조정합니다. 따라서 금리 인상기와 인하기의 투자 전략은 달라야 합니다. 이를 알기 위해 가장 먼저 알아야 하는 개념은 '중립 금리'입니다. 중립 금리란 경제가 인플레이션이나 디플레이션 압력 없이 잠재 성장률 수준을 안정적으로 유지할 수 있게 해주는 이론적인 금리 수준을

---

* 안전자산: 신용 위험이 낮고 변동성이 적어 안정적인 수익을 제공하는 자산으로, 국채나 예금과 같은 자산이 대표적입니다.
** 위험자산: 높은 수익을 기대할 수 있지만 변동성이 크고 손실 가능성도 높은 자산으로, 국내 주식, 해외 주식, 암호화폐, 부동산, 원자재, 파생 투자 상품 등이 이에 해당합니다. 자산군 간의 위험도는 시장 상황과 투자 목적에 따라 달라질 수 있습니다.

의미합니다. 다소 어려운 개념으로 느껴질 수 있으나, 보다 쉽게 비유하자면 경제라는 자동차가 과속이나 정차 없이 가장 효율적으로 주행할 수 있는 '최적의 속도'라고 생각하면 이해하기 쉬울 것입니다. 경제성장률이 과열되어 인플레이션이 나타나거나, 너무 둔화되어 디플레이션이 나타나는 등의 극단적 상황을 방지하고 경제가 꾸준하게 성장할 수 있도록 균형을 맞추는 금리 수준을 중립 금리라고 할 수 있습니다.

이 중립 금리는 고정된 값이 아니라 경제의 여건이나 환경에 따라 지속적으로 변동될 수 있습니다. 예를 들어 경제 성장이 지속적으로 활발한 시기에는 중립 금리의 수준이 높아질 수 있으며, 반대로 경제가 침체되는 경우에는 중립 금리의 수준이 낮아지게 됩니다. 특히 최근 글로벌 경제 환경처럼 저성장과 저물가가 지속되는 시기에는 이 중립 금리가 과거보다 낮아졌다고 분석하는 전문가들이 많습니다. 또한 중립 금리는 이론적인 개념일 뿐, 실질적으로 관측할 수 있는 수치는 아닙니다. 또한 주관적인 개념이기에 시장 참여자들이 바라보는 중립 금리와 중앙은행이 설정하고자 하는 중립 금리 사이에서도 어느 정도 차이가 나타날 수 있습니다.

이러한 중립 금리를 기준으로 현재의 금리가 중립 금리보다 높은지 낮은지, 그리고 중앙은행이 금리를 올리려는 의도를 가지고 있는지, 내리려는 의도를 가지고 있는지의 여부에 따라 경제에 미치는 영향과 투자 전략이 크게 달라지게 됩니다.

먼저, 중립 금리보다 기준 금리가 높은 경우 혹은 중앙은행이 금리를 높이기 위한 의도를 가지고 노력하는 시기부터 살펴보도록 하겠습니다. 기본적으로 중립 금리보다 높은 금리는 경제에 제동을 거는 효과가 있으며, 특히 과열된 경제 상황에서 나타나는 인플레이션을 안정시키는 역할을 하게 됩니다. 구체적으로 살펴보면, 금리가 높은 환경에서는 자금 조달 비용이 늘어나 소비나 기업의 투자가 위축될 가능성이 큽니다. 또한 예금이나 채권과 같은 안전자산의 수익률이 상승하게 되므로 투자자들의 자금이 위험자산에서 안전자산으로 이동하려는 경향을 보입니다. 이는 위험자산인 주식, 부동산, 암호화폐 시장의 약세로 이어질 가능성이 큽니다. 그뿐만 아니라 국내의 금리가 해외 다른 국가에 비해 상대적으로 높아지면 외국인의 자금이 국내 채권시장 등으로 유입될 가능성이 높아지며, 이는 환율을 하락시키고 통화의 가치를 상승시키는 요인으로 작용할 수 있습니다.

따라서 투자자들은 금리가 높은, 혹은 금리가 올라갈 것으로 예상되는 시기에서는 상대적으로 안전한 자산인 채권이나 고금리 예금 상품 등의 비중을 높이는 전략을 택하는 것이 바람직합니다. 또한 금리가 높은 시기에는 경기에 민감한 주식 종목이나 부채 비율이 높은 기업들에 대한 투자는 신중하게 접근할 필요가 있습니다. 특히 부동산과 같은 레버리지 투자 상품은 금리가 높거나, 혹은 높아질 시에 이자 비용 부담이 급격히 증가할 수 있으므로, 이에 대한 리스크 관리가 더욱 중요해지는 시기라 할 수 있습니다.

반대로, 중립 금리보다 금리가 낮은 상황 혹은 중앙은행이 금리를 낮추려는 의도를 가지고 있는 시기를 살펴보도록 하겠습니다. 이러한 상황은 통상적으로 경기의 부양 효과를 가져오게 됩니다. 금리가 낮아지면 자연스럽게 돈을 빌리는 비용이 줄어들어 소비와 투자가 활발해지며, 경기 부양의 효과가 나타날 가능성이 높습니다. 기업들은 더 저렴한 비용으로 자금을 조달하여 투자를 확대할 수 있으며, 개인들 역시 부동산이나 주식과 같은 투자 자산에 대한 관심과 투자를 늘릴 수 있습니다. 따라서 금리가 낮거나, 금리가 낮아질 것으로 예상되는 시기에는 주식, 암호화폐 등의 위험자산 시장이 활황을 맞이할 가능성이 높고, 부동산과 같은 자산의 가격 상승이 나타나는 경우가 많습니다.

또한 금리가 낮아질 경우 투자자들은 상대적으로 높은 수익률을 추구하게 되며, 이는 안전자산에서 위험자산으로의 자금 이동을 초래할 가능성이 큽니다. 따라서 이 시기에는 상대적으로 위험도가 있지만 기대 수익률이 높은 성장주나 부동산 투자, 가상자산 등으로 자금이 몰릴 가능성이 높습니다. 그러나 지나치게 공격적인 투자는 여전히 위험성을 내포하고 있기에 신중한 리스크 관리와 적절한 포트폴리오 다각화가 필수적입니다.

결국 금리가 중립 금리 대비 어느 수준에 위치하느냐는 우리의 투자 결정에 중요한 영향을 미치는 핵심 요소라 할 수 있습니다. 이

책의 전반에 걸쳐 금리에 대한 내용은 계속해서 등장할 예정이며, 각 경제지표를 세세하게 알아보는 단원에서 중립 금리와 시장의 분위기를 파악하는 방법에 대해서도 다룰 예정입니다. 이 책의 첫 파트의 키워드를 '금리'로 잡은 것처럼 금리는 단순히 숫자 이상의 의미를 가지며, 거시경제와 우리의 일상에서 매우 중요한 역할을 하고 있습니다. 금리는 경제의 다양한 요소들과 밀접하게 연관되어 있으며, 금리의 변동은 금융시장과 실물경제 모두에 깊은 영향을 주게 됩니다. 앞으로 거의 모든 장에 금리는 빠지지 않고 등장하며 거시경제를 이해하는 핵심 키워드로 자리 잡게 됩니다.

치과아저씨의 경제지표 특강

코로나19 팬데믹 이후 세계 경제정책의 흐름:
양적 완화와 제로 금리, 그리고 양적 긴축과 금리 인상까지

1. 팬데믹이라는 충격

2019년 말부터 전 세계를 휩쓴 코로나19 팬데믹은 단순한 보건 위기를 넘어, 경제 전반에 걸친 심각한 위기로 이어졌습니다. 세계 각국은 감염 확산 방지를 위해 이동 제한, 봉쇄 조치를 시행했고, 이에 따라 전 세계적으로 소비·생산·투자가 급격히 위축되었습니다.

2. 양적 완화와 제로 금리 정책의 시행(2020~2021년)

양적 완화(Quantitative Easing, QE)란 중앙은행이 국채나 회사채 등 자산을 직접 매입하여 시중에 돈을 푸는 정책입니다. 이는 전통적인 금리 인하만으로 경기 부양 효과가 부족하다고 생각될 때 추가적으로 시행될 수 있으며, 은행 시스템에 유동성을 공급하고 투자와 소비를 자극하는 효과를 노립니다. 제로 금리란 기준 금리를 사실상 0% 수준으로 낮춰 자금 조달 비용을 줄이고, 기업과 가계가 돈을 쉽게 빌려 경제활동을 이어갈 수 있도록 유도하는 정책입니다. 코로나19 팬데믹은 경제 전반에 걸친 심각한 위기 상황이었기에 양적 완화와 제로 금리 정책은 발 빠르게 시행되었습니다. 미국 연방준비제도는 2020년 3월 기준 금리를 0~0.25%로 급격히 인하하고, 매달 수천억 달러 규모의 자산 매입 프로그램을 시행했습니다. 유럽중앙은행(ECB)과 일본은행(BOJ)도 마찬가지로 저금리와 자산 매입을 확대했습니다.

결과적으로 이러한 조치는 경제 붕괴를 막는다는 측면에서 볼 때 단기적으로는

매우 효과적이었습니다. 주식, 부동산 등의 자산시장은 빠르게 반등하였고, 기업의 유동성 위기 또한 상당 부분 완화되었습니다. 하지만 이는 초과 유동성이라는 또 다른 문제를 남겼습니다.

3. 부작용: 자산 버블과 인플레이션(2021년 말 ~ 2022년 초)

코로나19로 인한 경제 타격의 회복세가 본격화되고, 공급망 문제가 맞물리면서 전 세계적으로 인플레이션이 가파르게 진행되었습니다. 특히 미국에서는 40년 만에 가장 높은 수준인 9%대 소비자물가지수(CPI)를 기록하기도 했습니다.

팬데믹 대응으로 인한 과잉 유동성이 가장 큰 인플레이션의 원인이었으나, 이외에도 공급망 병목 현상 및 원자재 가격 상승, 그리고 노동시장 회복으로 인한 임금 상승 압력 등이 추가적으로 작용하며 인플레이션은 매우 심각한 수준까지 치닫게 됩니다.

이에 따라 중앙은행들은 경기 부양보다 물가 안정을 정책 우선순위로 전환하게 됩니다.

4. 양적 긴축과 기준 금리 급등(2022~2024년)

양적 긴축(Quantitative Tightening, QT)이란 중앙은행이 기존에 보유하고 있던 채권 등을 만기 도래 시 재매입하지 않거나 시장에 매각하여 유동성을 회수하는 정책을 뜻합니다. 즉 코로나19 팬데믹으로 인해 역사적인 양적 완화를 한 연준이 이제는 풀었던 돈을 거둬들이겠다는 의지를 표한 것입니다. 긴축 정책은 기준 금리 인상과 병행할 때 효과가 더 드라마틱해질 수 있습니다. 2022년부터 미국 연준은 역대급 속도로 금리를 인상하였습니다. 2022년 3월 0.25% 인상을 시작으로 불과 1년 반 사이에 5% 이상 기준 금리를 인상하였습니다. ECB, BOJ, 한국은행 등도 연달아 금리를 올리며 전 세계적 긴축 흐름이 이어졌습니다.

결과적으로 고금리는 대출 수요를 억제하며 소비와 투자를 둔화시켰으며, 자산 시장에는 조정과 하락세가 나타났습니다. 특히 기술주 중심의 주식시장, 고평가된 부동산 시장, 신흥국 통화는 큰 압박을 받게 되었습니다.

5. 결론

코로나19 이후 경제 붕괴를 막기 위한 양적 완화, 그리고 제로 금리 정책은 필수불가결하였습니다. 하지만 그 부작용으로 인한 인플레이션은 결국 급격한 양적 긴축 및 금리 인상이라는 쓴 약을 먹어야만 했습니다. 경제는 이처럼 항상 '과잉'과 '조정'의 사이에서 균형을 찾아가는 순환 구조 속에 있으며, 기준 금리로 대표되는 중앙은행의 통화정책은 그 균형을 잡는 가장 중요한 수단으로 기능하고 있습니다.

02

물가:
왜 계속 오르기만 할까?

물가는 원래 오르게 되어 있다?

물가. 어떻게 보면 가장 실생활에 밀접하지만, 실전 투자와는 조금 동떨어진 이야기로 느껴지기도 합니다.

밥을 먹거나, 영화를 보거나, 주유소에 들를 때 "올랐네…" 하고 중얼거리는 그 순간만을 빼면, 투자와 물가가 어떻게 관련이 있다는 것인지 이해하지 못하는 투자자분들도 많이 있을 것이라 생각합니다.

실제로 대부분의 투자자들은 물가에 대해 자세히 공부할 여유도, 기회도 가지지 못합니다. 하지만 물가는 단순히 실생활에서 느끼는 체감 물가를 넘어서서 경제라는 생물체가 움직이는 큰 흐름을 읽는 중요한 키워드 중 하나입니다.

'정상적으로' 물가는 당연히 오르게 되어 있습니다. 미국의 중앙은행, 즉 연방준비제도는 물가상승률을 2%로 조절하는 것을 하나의 경제 운용 기준점으로 삼고 있습니다. 많은 사람들이 궁금해해서인지 연준의 홈페이지에 들어가 보면 물가상승률을 2%로 잡는 이유를 써두었습니다.

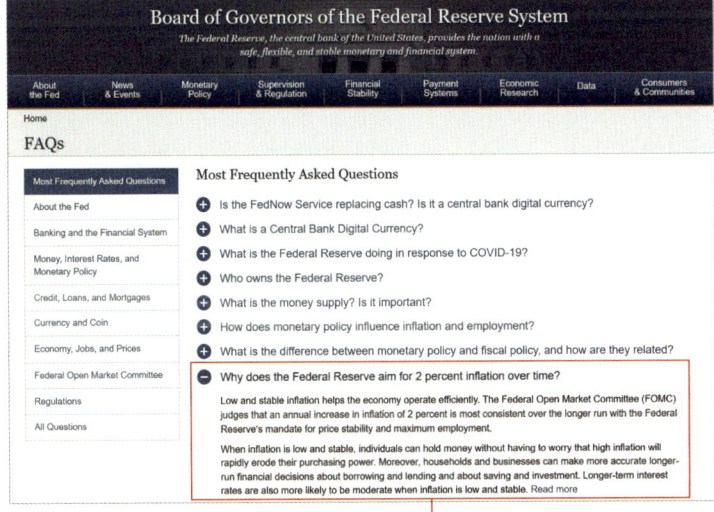

연방준비제도(Federal Reserve)는 왜 장기적으로 2%의 인플레이션을 목표로 삼나요?

낮고 안정적인 인플레이션은 경제가 효율적으로 운영되도록 돕습니다. 연방공개시장위원회(FOMC)는 연간 인플레이션 증가율이 2%인 것이 장기적으로 연방준비제도의 가격 안정과 최대 고용이라는 목표와 가장 일치한다고 판단합니다.
인플레이션이 낮고 안정적일 때 개인은 높은 인플레이션으로 인해 구매력이 급격히 감소할 우려 없이 돈을 보유할 수 있습니다. 또한 가계와 기업은 차입과 대출, 저축과 투자에 대한 장기적인 금융 결정을 더 정확하게 내릴 수 있습니다. 인플레이션이 안정적일 때 장기 금리도 상대적으로 안정적일 가능성이 높습니다.

미국 연방준비제도, 줄여서 '연준'이라 불리는 이 거대한 경제 조율 기구는 오랜 시간 고민 끝에 연 2%의 물가상승률을 이상적인 기준점으로 삼았습니다.

연준은 미국 경제에 있어 두 가지의 핵심 목표를 가지고 있습니다. 바로 물가 안정과 최대 고용입니다. 연준은 이 두 목표를 동시에 달성할 수 있는 가장 이상적인 조건이 '연 2% 수준의 물가 상승'이라고 판단한 것입니다.

낮고 안정적인 인플레이션은 단순히 가격이 일정하게 유지된다는 의미를 넘어, 경제 전체가 효율적으로 작동할 수 있는 기반을 마련해줍니다.

높은 인플레이션이 지속된다면, 오늘 살 수 있었던 물건이 내일은 더 비쌀 수 있다는 불안 때문에 소비가 앞당겨지고, 이로 인해 다시 인플레이션이 가속되는 악순환이 생길 수 있습니다. 반대로 낮고 안정된 인플레이션 환경에서는 사람들이 물가 상승을 지나치게 걱정하지 않고, 자산을 현금으로 보유하는 데도 부담이 적습니다. 이러한 안정성은 가계와 기업이 장기적인 시각에서 경제적 결정을 내리는 데도 큰 도움이 됩니다. 예를 들어 집을 사기 위해 20년짜리 주택담보대출을 받거나, 회사가 설비 투자를 위해 대규모 차입을 결정할 때도 마찬가지입니다. 앞으로의 물가 흐름이 크게 출렁이지 않을 것이라는 기대가 클수록 대출 이자에 대한 부담, 수익률 예측, 투자 회수 가능성 등을 더 정확히 따질 수 있게 됩니다.

그뿐만 아니라 장기 금리의 형성에도 인플레이션은 결정적인 영향을 미칩니다. 장기 금리는 일반적으로 향후 수년간의 인플레이션 수준을 반영해 결정되는데, 인플레이션이 높아질수록 투자자들은 미래 화폐 가치 하락을 반영하여 더 높은 금리를 요구하게 됩니다. 반면 인플레이션이 낮고 안정적인 환경에서는 장기 금리도 비교적 낮고 일정한 수준을 유지할 가능성이 높습니다.

이처럼 '낮고 안정적인 인플레이션'은 단순한 경제지표 하나가 아니라 소비자와 기업, 투자자와 정책 결정자 모두가 예측 가능한 미래를 상정하고 행동할 수 있게 해주는 핵심 전제라고 할 수 있습니다.

그렇다면 인플레이션이 연준이 설정한 2%라는 목표 수준에 미치지 못할 경우, 과연 어떤 일들이 벌어지게 될까요?

우선 가계와 기업의 기대 심리가 인플레이션이 높을 때와는 반대로 변하게 됩니다. 사람들은 기본적으로 '미래가 지금과 비슷하거나, 약간 더 나아질 것'이라는 전제를 기반으로 소비와 투자를 결정합니다. 하지만 인플레이션이 기대에 못 미쳐 낮은 수준에서 오랫동안 머물게 되면, 사람들은 시간이 지나도 물가가 오르지 않을 것이라고 기대하게 됩니다. 그리고 이 기대는 실제 행동으로 이어집니다.

가계는 소비를 늦추게 되고, 기업은 설비 투자나 신규 고용을 미루게 됩니다. 결국 이러한 심리의 변화는 소비와 투자 전반의 축소를 초래하게 되고, 이는 경제성장률의 둔화로 이어집니다.

더 큰 문제는 이러한 현상이 단기적인 침체로 끝나지 않고, 경제 전반에 저성장이 구조적으로 고착화되는 악순환으로 발전할 수 있다는 점입니다. 이른바 '저물가-저성장'의 늪에 빠지게 되는 것입니다.

경제가 침체기에 빠졌을 때 중앙은행은 일반적으로 기준 금리를 인하하는 방식으로 경기를 부양하고자 합니다. 금리를 내리면 대출이 쉬워지고, 자금 조달 비용이 낮아지며, 소비와 투자가 늘어날 수 있기 때문입니다. 하지만 문제는 이미 인플레이션이 낮은 상황에서는 기준 금리도 이미 낮게 유지되고 있을 가능성이 높다는 것입니다. 그렇게 되면 중앙은행은 추가로 금리를 인하할 여력이 부족해집니다. 이 경우 통화정책의 효과가 제한적일 수밖에 없으며, 정책 여력이 부족한 상황에서 경기 침체가 장기화될 위험이 커지게 됩니다.

더 나아가 인플레이션이 음수로 전환되는 상황이 발생할 수도 있습니다. 즉 물가가 해마다 하락하는 '디플레이션(Deflation)' 국면에 접어들 수 있다는 의미입니다. 디플레이션은 단순히 가격이 내려가는 현상 그 자체가 아니라 경제 전체의 심리가 위축되고 활력이 사라지는 매우 위험한 신호입니다. 사람들은 더 싸질 것을 기대하며 소비를 미루고, 기업은 매출 감소와 수익성 악화로 인해 투자와 고용을 축소합니다. 그 결과 경제는 더욱 얼어붙고, 디플레이션은 보다 심해지는 구조적인 악순환이 발생하게 됩니다.

또한 디플레이션은 부채 부담을 상대적으로 증가시키는 효과도 가집니다. 물가가 하락하면 화폐의 실질 가치는 올라가기 때문에 고정된 액수의 부채는 시간이 갈수록 무겁게 느껴집니다. 이는 가계와 기업 모두에게 압박으로 작용하며, 전반적인 경제활동의 위축, 기업 수익성의 저하, 실업률 상승이라는 결과로 이어집니다.

이처럼 인플레이션이 목표치에 못 미치는 상황은 겉보기엔 '물가 안정'처럼 보일 수 있지만, 장기적으로는 경기 침체와 디플레이션이라는 더 큰 위험으로 몰아넣을 수 있는 매우 심각한 경고 신호가 될 수 있습니다. 바로 이러한 이유 때문에 중앙은행은 단순히 물가 상승을 억제하는 것뿐 아니라 물가가 지나치게 낮게 유지되지 않도록 관리하는 일에도 동일한 무게를 두고 있는 것입니다.

물가를 잡는 키워드: 명목 금리와 실질 금리에 대한 이해

앞서 살펴본 다양한 금리의 종류 가운데 물가와 가장 밀접하게 관련된 금리가 있습니다. 바로 명목 금리(Nominal Interest Rate)와 실질 금리(Real Interest Rate)에 대한 내용입니다. 자산시장에서 투자수익률을 정확하게 계산하기 위해 이 두 개념을 알아두는 것은 필수적입니다.

왜 투자자들은 언제든지 사용할 수 있는 현금을 계속 보유하려하지 않고 주식, 채권, 부동산, 귀금속 등 다양한 투자 상품에 투자를 하려는 것일까요? 그 가장 근본적인 이유는 우리가 이미 앞서 살펴본 대로, 물가는 기본적으로 상승하는 구조이기 때문입니다. 그리고 이 상승은 단기적인 우연이 아니라 전 세계 주요국 중앙은행들이 장기적인 목표로 삼고 있는 공식적인 경제 방향이기도 합니다. 즉 글로벌 경제 시스템은 물가를 현 수준에서 고정시키기보다는 연평균 2% 내외로 완만하게 우상향하는 구조를 지향합니다. 이런 구조 속에서는 화폐의 구매력이 해마다 서서히 감소하게 되며, 따라서 단순히 돈을 현금으로 들고 있는 것만으로는 자산의 실질 가치를 보전할 수 없는 것입니다.

즉 현재 현금의 가치에 대해 올바른 판단을 하기 위해서는 명목 금리와 실질 금리를 이해하는 것이 매우 중요합니다. 명목 금리란 우리가 일상적으로 가장 자주 접하는 금리 개념입니다. 예를 들어 은행 예금 통장에 표시된 이자율이 3%라면, 이것이 바로 명목 금리인 것입니다. 명목 금리는 표면적으로 표시된 수익률로, 인플레이션 등 외부 요인을 고려하지 않은 '겉보기 금리'라 할 수 있습니다.

반대로 실질 금리란 좀 더 본질적인 금리입니다. 실질 금리는 명목 금리에서 인플레이션율을 뺀 값으로 계산되며, 이 금리는 화폐의 구매력이 실제로 어떻게 변화하였는지를 나타내는 지표입니다. 실질 금리를 구하는 공식은 '실질 금리 = 명목 금리 − 인플레이션율'로 표현할 수 있으며, 이는 투자자나 예금자가 실제로 얻게 되는 구매력의 증가를 나타냅니다. 예를 들어 은행에서 제공하는 예금 금리가 3%이고 인플레이션율이 2%라면, 실질 금리는 1%가 됩니다. 즉 표면적으로는 3%의 이자를 받았지만, 실제 구매력은 1%만 증가한 것입니다. 하지만 반대의 상황도 충분히 발생할 수 있습니다. 예금 금리가 3%로 동일하게 유지되더라도 인플레이션율이 4%에 이르게 되면, 실질 금리는 -1%로 하락하게 됩니다. 이는 숫자상으로는 이자를 받고 있지만, 실제로는 내 자산의 실질 가치는 줄어들고 있는 것을 의미합니다. 많은 분들이 은행 이자율만 보고 수익 여부를 판단하는 실수를 범하곤 합니다. 하지만 앞서 살펴보았듯, 같은 명목 금리(이자율)라 하더라도 인플레이션의 수준에 따라 실질적인 내 자산의 가치는 완전히 달라질 수 있다는 점을 항상 염두에 두어야 합니다.

결국 투자자들이 현금을 보유할 것인지, 자산에 투자할 것인지를 판단할 때에도 단순히 '몇 퍼센트의 금리냐'보다 중요한 것은 '내가 얻는 실질 수익률은 얼마인가'입니다. 그리고 이 실질 수익률을 판단하는 기준은 '실질 금리'가 되어야 합니다. 이 실질 금리에 가장 큰 영향을 미치는 요소는 당연하게도 소비자물가의 상승률, 즉 인플레이션율입니다. 명목 금리는 중앙은행의 기준 금리나 시장의 금리 조건에 따라 비교적 예측 가능하게 움직일 수 있지만 인플레이션율은 국제 유가, 수요·공급 구조, 환율, 임금 수준, 정치적 불확실성 등 다양한 요인에 의해 복합적으로 움직입니다. 결국 실질 금리는 단순히 계산 공식 하나로 끝나는 개념이 아니라 경제 전반의 흐름을 읽어내야만 정확하게 판단할 수 있는 것입니다.

이제부터는 실질 금리를 결정하는 핵심 요소인 소비자물가에 영향을 끼치는 요소에는 어떤 것들이 있는지 알아보도록 하겠습니다.

물가에 영향을 끼치는 다양한 요소들

물가에 가장 직접적이고도 강력한 영향을 미치는 요인 중 하나는 바로 중앙은행의 통화정책입니다. 대표적인 통화정책의 두 가지 정책의 틀은 기준 금리의 조절, 그리고 시장 내 유동성의 조절입니다. 먼저 금리에 대해 살펴보도록 하겠습니다. 중앙은행이 금리를 인하할 경우 시중은행의 대출 이자율이 함께 낮아지게 되며, 이로 인해 개인과 기업의 자금 조달 비용이 줄어들고, 자연스럽게 소비와 투자가 증가하는 흐름이 만들어집니다. 시중의 자금 흐름이 활발해지면서 결과적으로 물가에는 상승 압력이 가해지게 됩니다. 반대로 기준 금리를 인상하게 되면 자금 조달이 어려워지고 대출에 대한 부담이 커져 소비와 투자가 위축되며, 이는 결국 물가상승률을 억제하는 방향으로 작용하게 되는 것입니다.

다음으로 중앙은행이 유동성을 조절하여 물가를 조절하는 방식을 살펴보도록 하겠습니다. 대표적인 정책은 양적 완화 정책입니다. 중앙은행이 국채 등의 자산을 매입하는 방식으로 시중에 직접적인 자금을 공급하는 것으로, 총 통화량이 증가하고, 증가한 자금이 소비·투자·금융 시장으로 흘러들어 가면서 물가 상승을 유도하는 효과를 가지게 됩니다. 반대로 양적 긴축은 중앙은행이 보유 중인 자산을 축소하거나 만기된 채권을 재매입하지 않음으로써 시장 내 유동성을 줄이는 정책으로, 이는 일반적으로 물가 상승 압력을 억제하고 금리를 상승시키는 방향으로 작용합니다.

두 번째로 국제 원자재 가격의 변화도 소비자물가에 영향을 끼치는 주요한 변수 중 하나입니다. 이는 특히 수입 의존도가 높은 국가일수록 더욱 영향력이 커질 수 있습니다. 원유·천연가스·석탄과 같은 에너지 자원, 철광석·구리·알루미늄 등 산업 필수 금속자원, 밀·쌀·대두·원두 등 식량 농산물에 이르기까지 원자재들은 전 세계 생산과 소비, 공급망 전반에 영향을 끼치는 핵심 자원입니다. 원자재 가격이 상승하면 생산 비용이 증가하고, 이로 인한 부담은 대부분 소비자에게 전가됩니다. 예를 들어 유가가 상승하면 물류비와 운송비가 오르게 되고, 이는 전 산업군의 가격에 연쇄적으로 영향을 미칩니다.

특히 원자재 가격은 단순한 수요·공급의 원칙뿐 아니라 폭우, 가뭄 등의 기상이변이나 자연재해, 전쟁 등의 지정학적 분쟁, 무역 갈등, 인건비 상승, 항만 마비, 유가세 조정 등 정말 다양한 변수에 의해 민감하게 움직입니다. 따라서 투자자들이라면 세계 곳곳의 뉴스들에 관심을 가지는 노력이 반드시 필요하며, 이러한 뉴스들을 통해 원자재 가격에 대한 힌트를 얻을 수 있습니다.

환율도 소비자물가에 지대한 영향을 끼치게 됩니다. 과거에는 시장 금리가 환율을 결정짓는 주요 변수로 여겨졌지만, 오늘날에는 오히려 환율이 실질 금리와 물가에 영향을 주는 방향이 옳은 것으로 해석하고 있습니다. 통상적으로 환율의 상승은 자국 통화의 가치가 하락하고 있다는 의미입니다. 이 경우 수입품의 가격이 오르게 되며, 이는 곧바로 소비자물가의 상승으로 이어집니다. 예를 들어 동일한 가격의 원유를 수입하더라도, 원/달러 환율이 상승하면 한국 기업의 경우 더 많은 돈을 지불해야 하는 것입니다. 반대로 환율이 하락할 경우 자국 통화의 가치가 강세를 보이며, 수입품의 가격이 낮아져 물가 상승 압력이 완화되는 효과를 가져오게 됩니다. 따라서 환율 역시 물가에 간접적인 영향을 미칠 수 있기에 투자자나 경제 참여자들이 반드시 모니터링해야 할 요소에 해당합니다. 환율에 대한 보다 자세한 내용은 다음 파트에서 다룰 예정입니다.

마지막으로 국내외 경기 상황 자체도 물가의 흐름에 중요한 영향을 미칩니다. 경제가 확장 국면에 있을 때는 소비와 투자 활동이 활발해지며, 그에 따라 수요가 증가하고 생산 활동이 확장되면서 물가에도 상승 압력이 가해집니다. 반대로 경기 수축기 혹은 침체기에는 개인의 소비·투자 심리가 위축되고, 기업의 설비 투자도 줄어들며, 실업률이 오르고, 임금상승률이 정체되거나 하락하는 등 전반적인 디플레이션 환경이 조성됩니다. 이처럼 경기 사이클에 따라 물가가 받는 압력의 방향이 달라지기 때문에 경제 상황을 종합적으로 판단하는 것은 향후 물가 흐름을 예측하는 데 매우 중요한 기준점이 됩니다. 더불어 이러한 경기 흐름은 다시 중앙은행의 통화정책에 영향을 미치게 되며, 결국 이 역시 물가에 영향을 미치는 구조로 되돌아오게 됩니다.

이렇듯 물가에 영향을 미치는 변수들은 개별적으로 작용하지 않으며, 서로가 상호작용하고 서로에 피드백을 주고받는 구조로 엮여 있습니다. 따라서 한 가지 지표만을 보고 물가의 방향을 예측하기보다는 여러 요소를 종합적으로 관찰하고, 그 연관성과 타이밍을 이해하려 노력해야 합니다.

다음 파트에서는 이러한 변수들이 만들어내는 사이클에 대해 좀 더 깊이 있게 살펴보도록 하겠습니다.

한없이 물가가 오를 수 있을까: 자산의 버블 발생 및 붕괴 사이클

금리와 물가의 연관성 중 자산의 버블(거품) 발생 및 붕괴 사이클에 대해 좀 더 살펴본 후 이번 파트를 마치도록 하겠습니다.

먼저 경기가 침체되어 있는 시기를 상상해보겠습니다. 소비는 줄고, 기업들의 매출은 감소하며 고용시장은 얼어붙게 됩니다. 이처럼 경제 전반에 활력이 사라지는 국면에서 중앙은행이 가장 먼저 꺼내드는 정책 도구는 바로 금리 인하입니다. 중앙은행은 금리를 낮춰 자금 조달 비용을 줄이고, 기업과 개인이 다시 소비와 투자를 늘릴 수 있도록 유도합니다. 낮아진 금리는 은행 대출을 늘리는 결과를 가져오며, 상대적으로 수익률이 낮아진 예금이나 채권보다 더 높은 수익을 기대할 수 있는 자산으로 자금이 이동하게 됩니다.

그 결과 부동산, 주식, 암호화폐 등의 위험자산에 대한 수요가 급격히 증가하게 되며, 자산시장은 점차 활기를 띠고 투자 심리는 과열되기 시작합니다. 그리고 바로 이 시점에서 등장하는 것이 자산 가격의 '버블' 현상입니다. 자산 가격이 실제의 가치 이상으로 빠르게 상승하게 되며, 투기적 매수세가 시장을 주도하게 됩니다. '이 가격도 곧 싸게 느껴질 것', '지금 안 사면 손해다'라는 식의 기대 심리가 시장을 지배하게 되면서, 실제 가치와는 동떨어진 과도한 자산 가격 상승이 이어지게 됩니다.

하지만 이러한 상황을 오래도록 방치할 수는 없습니다. 지나치게 상승한 자산 가격은 거시경제의 균형을 무너뜨릴 수 있으며, 부의 양극화는 거의 필연적으로 심화됩니다. 이야기가 잠시 새는 것 같지만 부의 양극화에 대해 짚고 넘어가도록 하겠습니다. 부의 양극화는 그 구조적 특성상 자산 가격이 과도하게 상승할 때 빈번히 발생하는 현상입니다. 먼저 버블이 생길 정도로 자산 가격이 상승한다는 것은 이미 자산을 보유한 사람들에게만 계속해서 부가 집중됨을 의미합니다. 당연한 이야기이겠지만 부동산 가격이 급등하면 부동산을 이미 가지고 있던 사람은 시세차익을 통해 큰 부를 얻게 됩니다. 반면 무주택자나 자산을 보유하지 못한 사람들은 가격 상승으로 인해 자산 진입 자체가 어려워지고 상대적으로 그 격차는 더욱 벌어지게 됩니다.

또한 자산 가격 상승기에는 초기 자본이 있거나 레버리지에 따르는 이자를 감당할 수 있는 신용이 높은 사람들이 더욱 많은 자산을 사들이며 투자 수익을 극대화합니다. 반면 초기 자본이 부족하거나 신용도가 낮아 대출이 어려운 사람들은 시장에 접근이 어려우며, 결국 물가 상승만 고스란히 체감하는 구조에 놓이게 됩니다. 이 역시 금융 시스템의 격차를 더욱 뚜렷하게 만드는 요인이 됩니다. 마지막으로 버블 형성기에는 임금소득이 제자리이거나 완만하게 오르는 데 비해 자산 가격은 그보다 훨씬 더 가파르게 상승하게 됩니다. 그 결과 노동소득만으로는 자산소득을 따라잡을 수 없는 구조가 고착화되고, 열심히 일해도 부자가 되기 어려운 세상이 됩니다.

이러한 흐름은 젊은 세대와 취약 계층에게 특히 큰 좌절감을 안겨주며, '노력으로 극복할 수 없는 구조적인 불평등'을 체감하게 만듭니다. 결국 자산의 버블이 형성될 경우 자산을 보유한 사람들은 자산 가치 상승으로 인해 소비 여력이 커지고, 더 많은 투자를 통해 기회를 확장시킵니다. 반대로 자산이 없는 사람은 생활비 상승과 대출 부담 증가로 인해 소비를 줄이고, 미래에 대한 투자 여력도 줄어듭니다. 이로 인해 교육, 건강, 주거, 기회 등 삶의 질 전반에서 양극화가 발생하게 되며, 이는 단기적 불균형을 넘어 장기적 구조 문제로 자리 잡게 됩니다.

따라서 정부는 이러한 상황을 오래도록 방치할 수 없게 됩니다. 중앙은행은 지나친 자산시장의 과열과 인플레이션 억제를 위해 '금리 인상'이라는 조치를 단행하게 됩니다. 기준 금리가 인상되면 대출 금리는 올라가고, 차입 비용이 증가하며, 기업과 개인의 투자 여력은 줄어들게 됩니다. 그동안 저금리 덕분에 유입되었던 투자 자금은 점차 빠져나가고, 자산 가격의 상승세는 둔화되기 시작합니다. 이러한 과정에서 투자자들의 심리의 전환은 급격하게 발생됩니다. '현재 가격은 거품이며 과열이다', '지금이라도 팔아야 한다'라는 분위기가 확산되면, 투자자들은 수익 실현 또는 손실 방지를 위해 일제히 매도에 나서게 됩니다. 그 결과 자산 가격은 급격히 하락하고, 시장은 패닉 상태로 전환되며, 처음에는 수익을 위해 뛰어들었던 투자자들이 손해를 최소화하기 위한 매도를 이어가면서 버블이 결국 붕괴됩니다.

버블이 붕괴되면 단순히 자산 가격만 내려가는 것이 아니라 소비와 투자 활동 전반이 급격히 위축되며, 기업과 금융기관들도 큰 손실을 입게 됩니다. 이로 인해 실업률은 상승하고, 경제성장률은 하락하며, 국가 전체가 경기 침체 국면에 빠지게 됩니다. 그 어떤 정책도 단기적으로는 소비자와 기업의 심리를 회복시키기 어렵기 때문에 경기 회복에는 상당한 시간과 정책적 노력이 필요하게 됩니다. 이러한 상황이 지속되면 중앙은행은 다시 금리 인하와 유동성 공급을 통해 시장을 안정시키는 방향으로 전환하게 됩니다. 즉 많은 투자자들이 알고 있는 '완화 → 과열 → 긴축 → 침체 → 완화'의 사이클이 반복되는 것입니다.

이러한 자산시장과 금리의 사이클을 직관적으로 설명한 이론이 있습니다. 바로 유럽의 워런 버핏이라 불렸던 전설적인 투자자, 앙드레 코스톨라니(André Kostolany)가 제시한 '달걀 이론(Kostolany's Egg Theory)'입니다. 이 이론은 경제와 금융시장이 일

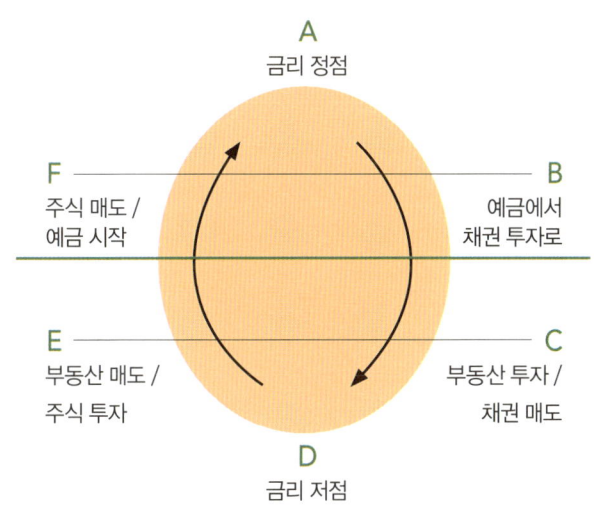

정한 순환 구조를 가지고 있다는 점을, 달걀 모양의 흐름을 통해 단계별로 설명합니다.

    A단계는 금리가 최고조에 달하는 시기로, 경제활동이 위축되고 주식시장은 침체 상태에 있습니다. 이후 B단계는 금리가 서서히 하락하기 시작하는 단계입니다. 금리가 하락하기 시작하면서 채권의 수익률이 매력적으로 보이기 시작합니다. 투자자들은 예금에서 채권으로 자산을 이동시키게 됩니다. C단계에서 금리는 B단계보다 더 하락하게 됩니다. 금리가 하락할수록 위험자산의 선호도가 증가하게 되며 부동산, 주식 등의 매력이 높아지게 됩니다. 투자자들은 채권에서 부동산이나 주식으로 자산을 재분배하게 됩니다. D단계는 금리가 최저점에 도달한 시기입니다. 이때 경제는 과열 상태에 있으며, 자산의 가격은 버블 수준으로 치솟고 투자자들의 심리는 극단적으로 낙관적입니다. E단계는 금리가 상승하기 시작하는 시기입니다. 금리가 상승하기 시작하면서 자산의 가격이 하락하고 투자자들은 위험자산에서 안전자산으로 투자금을 이동시키게 됩니다. F단계에서 금리는 E단계보다 상승하게 되며, 경제는 침체에 빠지고 주식, 부동산 등의 위험자산에 형성되었던 버블은 붕괴되면서 다시 경제는 A단계로 회귀합니다.

    이러한 순환 주기는 시대와 나라를 불문하고 반복되어 나타나며, 지금 우리가 처한 경제 환경이 이 달걀 이론의 어디쯤인지 판단하는 것만으로도 투자자들은 보다 전략적이고 현명한 의사결정을 할 수 있게 됩니다.

다음 파트에서는 이러한 거시경제 흐름 속에서 국가 간 자본의 흐름과 통화의 상대 가치를 보여주는 중요한 지표, 환율에 대해 살펴보도록 하겠습니다.

치과아저씨의 경제지표 특강
역사상 가장 유명한 버블, 튤립 이야기:
17세기 네덜란드에서 벌어진 광기의 기록

오늘날 많은 사람들이 '버블이다', '거품이 꼈다'는 표현을 사용할 때, 대표적으로 언급되는 사례가 바로 튤립 버블(Tulip Mania)입니다.

이 사건은 자산 가격이 본질 가치에서 얼마나 벗어날 수 있는지, 그리고 군중 심리가 어떻게 시장을 좌우하게 되는지를 보여주는 최초의 금융 버블 사례로 손꼽힙니다.

튤립은 16세기 후반, 터키를 거쳐 유럽에 전파되었고 당시에는 그 희귀성과 이국적인 색채 덕분에 상류층 사이에서 하나의 사치품처럼 여겨졌습니다. 특히 줄무늬나 얼룩이 있는 희귀 품종은 높은 가격으로 거래되며, 비싼 튤립 한 송이는 집 한 채의 가격에 육박할 정도로 과열되었습니다.

17세기 초 네덜란드에서는 튤립 구근(알뿌리)이 선물 계약의 형태로 거래되기 시작했고, 이후 점점 더 많은 사람들이 실물 튤립이 아닌, '미래에 받을 튤립'에 투자하게

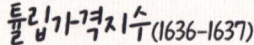

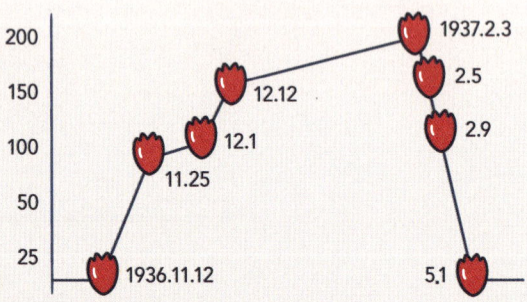

되면서 튤립은 일종의 투기 상품으로 탈바꿈하게 되었습니다.

사람들은 튤립의 가격이 계속 오를 것이라는 기대 아래 점점 더 높은 가격에도 구매를 이어갔고, 이 과정에서 실물 없이 계약만 오가는 '튤립 선물시장'이 과열되었습니다. 1636년 내내 오르던 튤립 알뿌리의 가격 상승세는 1637년 1월에 절정에 달했습니다. 하루에 두세 배씩 오를 때가 있었고 한 달 동안 몇천 퍼센트나 상승한 기록이 존재합니다. 1636년에 가장 비쌌던 '영원한 황제(Semper Augustus)'라는 튤립은 하나에 2500길더였으며, 무려 집 6채 가격에 맞먹는 수준이었다고 합니다.

1637년 2월 5일, 원인은 여러 가지가 언급되지만 매수세가 순식간에 사라지면서 튤립 가격은 폭락했습니다. 며칠 사이에 수십 배까지 올랐던 가격은 원래 수준 이하로 추락했고, 많은 이들이 순식간에 전 재산을 잃는 참사를 겪게 되었습니다.

튤립 버블은 이후 닷컴 버블, 서브프라임 위기, 암호화폐 과열과 같은 현대의 버블 사례들을 이해하는 데 있어 항상 인용되는 대표적인 사례로 남아 있으며, 오늘날에도 투자자들에게 '본질 가치에서 너무 멀어질 때 생기는 위험'에 대한 교훈을 남기고 있습니다.

03

환율:
통화의 상대가치를 이해하면 투자가 강해진다

환율: 1000원과 1000달러의 가치는 당연히 다르다

여러분은 환율을 얼마나 자주 확인하시나요?

혹시 해외여행을 앞두고 공항 환전소에서 환율 전광판을 흘끗 보는 정도로 끝나는 분들이라면 이번 기회에 스스로에게 작은 반성을 할 필요가 있습니다. 물론 예전에는 환율이 해외여행이나 유학 혹은 수입 물품의 가격을 확인할 때만 필요한 정보라고 여겨졌던 시절도 있었습니다. 최근에는 미국 주식에 대한 관심이 폭발적으로 늘어나면서, 많은 개인 투자자들이 자연스럽게 환율을 실시간으로 확인하는 습관을 들이게 되었습니다.

최근 다양한 이슈들로 원/달러 환율이 급등하는 등의 뉴스를

접하면서 '도대체 환율이 뭔데 이렇게 난리일까?'라는 생각을 해 보신 분들도 있을 것입니다. 하지만 이제는 환율이라는 것이 단순한 숫자가 아니라 국가 경제의 건강성, 자산의 실질 가치, 투자의 방향성을 결정짓는 매우 중요한 기준이라는 것을 이해할 필요가 있습니다.

가장 간단하게 말해 환율은 '한 나라의 화폐가 다른 나라의 화폐와 비교해 어느 정도의 가치를 지니고 있는지를 나타내는 숫자'라고 볼 수 있습니다. 특히 국내총생산*의 약 70% 정도를 수출에서 올리고 있는 대한민국처럼 수출 의존도가 매우 높은 나라들의 경우, 환율은 단순한 통화 가치 이상의 국가 경쟁력 지표라고 보아도 과언이 아닙니다. 또한 환율은 금리와도 매우 밀접한 관계를 가지고 있으므로 이번 기회에 환율의 개념에 대해 반드시 알아둘 필요가 있겠습니다.

먼저 가장 친숙한 개념인 원/달러 환율**부터 살펴보도록 하겠습니다. 달러는 전 세계적인 기축통화로 기능하고 있기 때문에 원/달러 환율은 통상적으로 1달러를 사기 위해 얼마의 원화가 필요한지로 나타내게 됩니다. 즉 원/달러 환율이 1200원일 경우는 1달

---

* 국내총생산(Gross Domestic Product, GDP): 일정 기간 동안 한 국가에서 생산된 모든 재화와 서비스의 총가치. 한 국가의 경제 규모를 측정하는 대표적인 지표.
** 한국에서는 원/달러 환율이라고 통상적으로 표기하며, 이는 '1달러를 사기 위해 몇 원이 필요한가?'를 나타내는 방식입니다. 즉 달러당 원화 가격이라고 볼 수 있습니다. 하지만 국제 외환시장에서 통상적으로 쓰이는 표현은 반대입니다. USD/KRW처럼 표시하는데, 이는 앞쪽 USD가 기준 통화(Base), 뒤쪽 KRW가 상대 통화(Quote)를 나타냅니다.

러를 사기 위해 1200원이 필요하다는 의미이며, 원/달러 환율이 1500원일 경우에는 1달러를 사기 위해 1500원이 필요하다는 의미입니다.

여기서 많은 사람들이 환율이 올랐다, 그리고 내렸다의 개념에 대해 혼동하는 경우가 있습니다. '환율이 올랐다'라는 말은 말 그대로 원/달러 환율이 1200원에서 1500원으로 변했을 때 사용하게 됩니다. 이 경우 1달러를 사기 위해 원화 300원이 더 필요한 것이기 때문에 환율이 올랐을 때 원화의 가치는 떨어진 것이 됩니다. 반대로 '환율이 내렸다'라는 말은 원/달러 환율이 1500원에서 1200원으로 하락했을 때 사용하게 되며, 이 경우 1달러를 사기 위해 원화 300원이 덜 필요한 것이 되기 때문에 원화의 가치는 상승한 것이 됩니다.

달러 이외에도 다양한 나라의 돈의 가치를 이와 같이 환율이라는 개념을 통해 원화의 가치와 비교할 수 있습니다.

지금 달러가 싼 것인지, 비싼 것인지는 어떻게 알 수 있을까?

이 질문에 답하기 위해서는 '달러 인덱스(Dollar Index, DXY)'라는 개념을 반드시 이해할 필요가 있습니다. 달러 인덱스는 미국 달러의 상대적인 가치를 판단할 수 있도록 고안된 지표입니다. 즉 지금 달러가 비싼지, 싼지를 알 수 있는 방법은 결국 절대적인 기준에 의한 것이 아니라 다른 주요 통화들과 비교했을 때 달러의 가치가 상대적으로 높거나 낮은지를 평가하는 것입니다. 달러 인덱스는 미국의 6개 주요 교역국 통화를 기준으로 만들어졌으며, 6개 통화는 각각 유로(EUR), 일본 엔화(JPY), 영국 파운드(GBP), 캐나다 달러(CAD), 스웨덴 크로나(SEK), 스위스 프랑(CHF) 등입니다. 이 중에서도 유로화는 전체 비중의 절반 이상을 차지하고 있으며, 그만큼 달러-유로 간의 환율 변동은 달러 인덱스 전반에 큰 영향을 미치게 됩니다.

달러 인덱스는 1973년 브레튼우즈 체제* 붕괴 이후 국제 외환시장에서 달러의 상대적 강세와 약세를 평가하기 위해 도입되었습니다. 따라서 기준점은 1973년 당시의 달러의 가치를 100으로 두고 있습니다. 달러 인덱스가 100보다 높다면 달러는 1973년 당시보다 주요 통화 대비 강세에 있는 것이고, 반대로 달러 인덱스가 100보다 낮으면 달러가 약세 상태에 있다고 판단할 수 있습니다. 예를 들어 달러 인덱스가 110이라면 이는 1973년 대비 달러의 가치가 강세라는 의미이며, 달러 인덱스가 90이라면 달러의 가치가 1973년 대비 약세라는 의미로 해석할 수 있습니다.

---

* 브레튼우즈 체제: 달러를 금에 고정하고(1온스=35달러), 다른 통화를 달러에 연동시킨 고정환율 시스템. 1960년대 미국의 막대한 무역 적자와 베트남 전쟁으로 인해 금 보유량이 급감하고 달러의 과잉 공급이 발생하여 신뢰가 약화되었고, 1971년 리처드 닉슨 대통령이 닉슨 쇼크로 알려진 금 태환 중단을 발표했고, 이후 브레튼우즈 체제가 붕괴된 후 현재의 변동환율제가 도입되었습니다.

달러 인덱스는 국제 외환시장에서만 의미가 있는 것이 아니라 글로벌 경제활동 전반에 영향을 미치는 매우 중요한 신호이기도 합니다. 예를 들어 어떤 통화가 상대적으로 유리한지, 투자 자금이 어느 국가로 몰릴 가능성이 있는지, 또는 금이나 원유 같은 원자재 가격이 앞으로 어떤 방향으로 움직일지 등을 판단할 때 달러 인덱스는 매우 중요한 단서를 제공합니다.

마지막으로 달러의 강세와 약세가 시장에 어떤 영향을 미치는지 알아보도록 하겠습니다. 일반적으로 달러가 강세를 보일 경우, 금과 유가를 비롯한 원자재 가격은 하락 압력을 받는 경향이 있습니다. 먼저 금의 경우 배당이나 이자와 같은 현금 흐름을 창출하지 않는 대표적인 비생산성 자산에 해당합니다. 다시 말해 기회비용의 영향을 매우 크게 받는 자산에 해당하며, 달러가 강세를 보이게 되면 같은 달러로 살 수 있는 자산 중에서도 이자 수익이 있는 자산의 매력도가 더 올라가게 되고, 상대적으로 금의 투자 대상으로서의 매력도가 떨어지게 됩니다. 또한 금은 전통적으로 '달러에 대한 대체 자산'이라는 성격도 가지고 있습니다. 즉 달러가 약세일 때는 금이 더 빛나지만, 달러가 강세를 보이면 금은 자연스럽게 관심에서 멀어지게 됩니다. 이러한 흐름 속에서 달러가 강세일 경우 금에 대한 수요는 줄어들게 되며, 결과적으로 가격이 하락할 가능성이 높아지게 되는 것입니다. 하지만 최근 몇 년간의 사례를 보면, 지정학적 위기나 금융 시스템 리스크가 고조될 때는 달러와 금이 함께 강세를 보이는 경우도 있었습니다. 이는 '안전자산 선호 심리'가 동시에 작동하는 예외적 흐름이라 볼 수 있습니다.

다음으로는 유가로 대표되는 원자재 가격의 변화입니다. 원유를 비롯한 주요 원자재들은 달러를 기준으로 가격이 책정되고 거래됩니다. 즉 대부분의 원자재는 달러로 표시되는 자산인 셈입니다. 이 말은 곧 달러가 강세를 보일수록 달러 외 통화를 사용하는 국가들이 원자재를 구매하는 데 드는 비용이 증가한다는 것을 의미합니다. 우리 나라의 경우를 예로 들자면 달러가 강세인 상황에서는 같은 양의 원유를 사더라도 더 많은 원화를 지불해야 하는 것입니다. 이렇게 되면 전 세계적으로 원자재에 대한 수요는 줄어들 수밖에 없고, 이는 원자재 가격에 하방 압력을 가하는 요인이 됩니다.

이처럼 달러의 강세는 금과 같은 귀금속, 원유와 같은 원자재 등의 가격에 직간접적인 영향을 주며, 결과적으로 글로벌 인플레이션 흐름, 국가별 무역수지, 투자 자금의 흐름 등에도 큰 변화를 일으킬 수 있습니다.

달러가 약세인 경우에는 상황이 반대입니다. 우선 금과 같은 비이자 자산의 매력도가 상대적으로 높아지게 됩니다. 달러 약세가 나타나면 달러 자산의 수익률은 상대적으로 줄어들게 됩니다. 이런 시기에는 이자를 설령 주지 않더라도 추가적인 달러 가치의 하락을 회피할 수 있는 자산, 즉 금·은과 같은 귀금속에 대한 수요가 늘어납니다. 또한 원유를 비롯한 원자재 시장 역시 달러 약세에서 수혜를 볼 수 있습니다. 달러로 가격이 책정되는 원유는 달러가 약세일수록 달러 외 통화를 사용하는 국가들 입장에서 구매 비용이 줄어들게 됩니다. 그만큼 수요가 늘어날 가능성이 높아지며, 이는 원자재 가격의 상승으로 이어질 수 있습니다.

투자 자금의 흐름 측면에서 보았을 때도, 달러 약세는 글로벌 투자 자금이 미국 외 국가들로 분산될 가능성을 높입니다. 달러 가치가 낮아지면 상대적으로 신흥국 통화가 강세를 보이게 되고, 이 경우 자금이 신흥국 시장으로 흘러들어 가게 됩니다. 달러 약세는 또한 미국의 수출 경쟁력을 높이는 효과도 함께 가지고 있습니다. 미국 제품의 가격이 해외에서 상대적으로 저렴해지기 때문에 '수출 증가 → 제조업 회복 → 고용 증가'와 같은 긍정적 순환이 발생할 가능성도 생깁니다.

이처럼 달러 인덱스의 움직임은 단순한 지표의 움직임을 넘어 글로벌 자산시장의 전반적인 분위기를 결정짓는 중요한 변수로 작용할 수 있습니다. 달러가 강세냐 약세냐에 따라서도 자산의 선호도가 달라지고, 투자 전략도 달라질 필요가 있습니다. 이러한 흐름을 읽을 수 있을 때 투자자들은 시장에서 한발 앞서 움직일 수 있게 되며, 그것이 결국 수익률의 차이로 이어질 것입니다.

다음 파트에서는 달러 인덱스와 원/달러 환율을 조합하여 최선의 투자 전략을 찾아내는 방법에 대해 다루어볼 예정입니다.

달러 인덱스와 원/달러 환율을 조합하여 최선의 투자 전략 찾아내기

이번 파트에서는 달러 인덱스와 원/달러 환율 간의 관계를 분석하고, 이 조합이 투자 환경에 어떤 영향을 미치는지, 그리고 이를 어떻게 실전 투자에 활용할 수 있을지를 네 가지 시나리오로 나누어 차근차근 살펴보도록 하겠습니다.

먼저 내용을 표로 정리하면 다음과 같습니다.

달러 인덱스	원/달러 환율	주요 원인 및 해석	결과	투자 조언
상승	상승	- 글로벌 달러 강세 - 미국의 경제 성장 또는 긴축적 통화 정책 - 한국 원화의 추가 약세	- 원화 가치 급락 - 수출 기업에는 유리 - 수입 비용의 상승 및 물가 상승 압력	- 수출 관련주에 주목 - 원자재 및 에너지 가격 상승 위험을 헤지(hedge)하는 전략 검토
상승	하락	- 글로벌 달러 강세 - 한국 원화 강세 (내수 활성화 및 외국인 자금 유입 증가)	- 원화 강세로 수입 비용 절감 - 수출 경쟁력 감소	- 내수 소비주에 주목 - 글로벌 채권 투자로 환차익 활용 가능
하락	상승	- 글로벌 달러 약세 - 한국 원화 약세 (국내 경제 둔화, 외국인 자본 유출) - 대부분 예측하기 어려운 거시경제 이슈 혹은 글로벌 경제 위기 등에 의함	- 달러 약세로 인한 글로벌 원자재 가격 상승 - 한국 시장에서의 외국인 자본 유출 가능성 높음 - 글로벌 경제 불확실성 증가로 무역량 감소 가능성	- 안전자산(금, 미국 국채, 안정적인 통화) 중심으로 자산을 배분 - 현금 비중 확대와 분산 투자가 권장됨 - 필수 소비재, 헬스케어 등의 주식이 방어주 역할 - 원자재 관련 투자도 매력적일 수 있음
하락	하락	- 글로벌 달러 약세 - 한국 원화 강세 (내수 경기 호조, 외국인 자금 유입 증가)	- 수입 비용 감소 - 내수 물가 안정화 - 수출 기업에는 부담	- 내수 관련 기업에 주목 - 원화 강세에 유리한 해외 소비재 관련 기업 투자 검토

이제 달러 인덱스와 원/달러 환율의 네 가지 조합에 대해 자세히 살펴보도록 하겠습니다.

① 달러 인덱스와 원/달러 환율이 모두 상승

이 조합은 달러가 글로벌 외환시장에서 강세를 보이고 있으며, 동시에 원화는 달러에 대해 상대적 약세를 보이고 있다는 의미입니다. 즉 미국 경제가 견조한 경우, 혹은 미국의 금리 인상 등으로 미국 내로의 자금 유입이 예상되는 경우, 그리고 반대로 한국 경제에는 상대적 불안 요인이나 외국인 자금 이탈, 지정학적 리스크가 발생하고 있을 때 흔히 나타나는 조합입니다. 또한 글로벌 경제 불확실성이 커질 경우에도 종종 발생할 수 있습니다.

이 상황의 경우 수출 기업에는 유리한 환율 환경이 조성됩니다. 한국 수출 기업은 동일한 달러 수입을 올리더라도 원화 환산 가격이 증가합니다. 더불어 달러 기준으로 수출 상품의 가격은 다른 나라의 상품에 비해서도 상대적으로 더 저렴해지게 되므로 국제 시장에서 가격 경쟁력이 강화되는 효과도 발생할 수 있습니다. 그러나 글로벌 경제 불확실성이나 지정학적 리스크 등으로 인해 이러한 상황이 발생한 경우, 글로벌 경제가 침체되며 수출이 원활하게 이루어지지 못할 수 있습니다. 추가적으로 수입 물가에는 분명한 부담 요인이 됩니다. 달러가 강세이고 원화가 약세이므로 원자재와 에너지, 외국산 제품 등의 수입 가격이 상승하게 되고, 이는 국내 인플레이션 압력으로 작용할 수 있습니다.

투자 전략 관점에서는 한국 내의 투자자들은 반도체, 조선, 자동차, IT 부품 업종 등 수출 비중이 높은 기업들에 주목할 필요가 있습니다. 반면 원자재 및 에너지 가격의 상승 위험이 있기 때문에 원자재 가격 상승에 취약한 항공, 운송, 내수 기업 등에는 부담이 될 수 있어 헤지 전략*이나 섹터 리밸런싱**을 검토해볼 필요가 있습니다.

이러한 현상을 미리 예측할 수 있다면 원화 약세에 대비해 원화 투자를 줄이고 미국 주식, 미국채, 달러 기반 ETF 등의 달러 표시 자산 혹은 달러로 환산 가능한 암호화폐, 스테이블 코인 등의 시장에 투자하는 것도 좋은 선택지가 될 수 있습니다. 만약 이러한 상황이 글로벌 경제 불확실성이나 지정학적 리스크 등으로 인해 발생한 것이라면 우선적으로는 자산을 지키는 전략과 리스크 관리가 요구됩니다. 이 경우 뒤에서 다룰 달러 인덱스가 하락하고, 원/달러 환율이 상승하는 상황에서와 유사한 대응이 권장됩니다.

② 달러 인덱스가 상승하고, 원/달러 환율이 하락

이 조합은 다소 드물지만 충분히 나타날 수 있는 것입니다. 이

---

* 헤지 전략: 환율, 금리, 원자재 가격 등 외부 변수에 따른 손실 위험을 줄이기 위해 파생 상품이나 상반되게 움직이는 자산에 분산 투자하는 전략.
** 섹터 리밸런싱: 경제 환경에 따라 유망하거나 방어적인 산업 섹터로 투자 비중을 조정하여 포트폴리오 효율성을 높이는 전략.

것은 달러의 전반적인 글로벌 강세가 나타났음에도 불구하고 한국의 원화가 함께 강세를 유지하고 있는 경우입니다. 이는 한국 자체의 펀더멘털이 강하거나 반도체 등 특정 산업의 사이클이 상승기에 있을 때 나타날 수 있습니다. 예를 들어 2017년에는 미국이 금리 인상을 단행하며 달러 인덱스가 상승하였으나, 한국은 반도체 호황과 함께 무역수지 흑자가 확대되고 외국인 투자 자금이 유입되면서 원화의 강세가 유지된 바 있습니다. 또한 2020년 코로나19 팬데믹 초기에는 안전자산 선호 현상으로 달러 인덱스가 급등하였으나, 4월 이후 팬데믹이 어느 정도 안정기에 진입한 후에 한국의 방역 대응이 효과적이었고, 반도체 등 수출 중심 산업이 빠르게 회복하면서 원화의 신뢰도가 상승하며 원/달러 환율이 2020년 말 기준 약 1080원 수준까지 하락한 바 있습니다.

　이러한 상황에서는 원화 강세로 수입 원가 부담이 완화되어 내수 물가 안정에 긍정적이며, 내수 소비와 수입 관련 기업들에 유리한 환경이 조성됩니다. 단, 수출 기업의 경우 환율로 인한 이익 확대 효과는 제한될 수 있습니다. 투자 전략은 우선적으로 소비재, 유통, 여행, 항공 등의 내수 중심 업종에 주목할 수 있습니다. 또한 글로벌 시장에서 원화 자산이 매력적으로 보일 수 있기 때문에 외국인 투자 자금의 유입 가능성과 국내 증시의 호황 가능성이 존재합니다. 마지막으로 환율 하락으로 인해 타국의 채권 혹은 외화 표시 자산에 대한 투자 시 추후 다시 환율이 상승할 때 환차익 기회가 발생할 수 있습니다.

③ 달러 인덱스가 하락하고, 원/달러 환율이 상승

이 조합은 글로벌 시장에서 미국 달러도 약세를 보이고 있지만, 한국 원화는 그보다 더 심한 약세를 나타내고 있음을 의미합니다. 이러한 상황은 미국 경제가 침체되거나 약화되고 있음과 동시에 한국 경제가 더 큰 어려움에 직면하고 있을 때 주로 발생할 수 있습니다. 미국 달러가 글로벌 시장에서 약세라는 것은 일반적으로 미국 경제의 펀더멘털이 악화되고 있거나, 연준의 통화정책이 완화적으로 변화하는 시점(금리를 인하하는 시점)에 나타나는 현상입니다. 하지만 한국 원화가 그보다 더 크게 하락한다는 것은 한국 경제가 미국보다 상대적으로 더 어려운 상황에 놓였다는 신호일 수 있습니다.

실제로 이런 현상은 대개 예상하기 힘든 거시경제 이슈가 등장하거나, 글로벌 경제 전반에 걸쳐 위기감이 고조되는 시기, 또는 한국의 경제 및 정치적 불확실성이 높아지는 시기 등의 특정 환경에서 주로 나타납니다. 대표적인 사례는 바로 2008년 글로벌 금융 위기였습니다. 2008년 당시의 글로벌 금융 위기는 서브프라임 모기지 사태에서 시작된 미국발 금융 위기였기 때문에 글로벌 금융시장에서 미국 금융시장의 신뢰 붕괴로 인해 달러 인덱스는 단기적으로 하락하는 흐름을 보였습니다.

하지만 한국의 경우는 조금 더 복합적인 상황에 놓였습니다. 한국 경제는 대외 수출 비중이 매우 높은 경제 구조를 가지고 있으며, 이로 인해 글로벌 경기 악화에 따른 무역량 감소와 수출 감소가 직접적인 경제 충격으로 이어지게 됩니다. 특히 2008년의 경우에는 글로벌 수요가 급격히 위축되었고, 한국은 주요 수출국으로서 상당한 피해를 입게 되었습니다. 이에 따라 외국인 투자자들의 한국 내 자산에 대한 신뢰가 크게 하락했고, 그들이 한국 시장에서 자금을 대거 회수하며 한국 시장에서의 자본 유출이 가속화되었습니다. 결과적으로 미국에서 시작된 글로벌 금융 위기였지만 달러에 비해 원화의 가치 하락 속도가 상대적으로 더 빨랐던 것입니다.

금융시장에서는 종종 "미국이 기침을 하면 한국은 감기에 걸린다"라는 비유를 사용하는 경우가 있습니다. 이는 한국 경제가 글로벌 경제와 특히 미국 경제의 영향을 강하게 받는다는 점을 표현한 것으로, 그만큼 한국은 글로벌 경기의 흐름과 미국의 경제정책 변화에 민감하다는 의미를 담고 있습니다.

특히 이 상황에서는 달러 가치 하락으로 인해 글로벌 시장에서 원자재 가격이 상승할 가능성이 높습니다. 원유, 천연가스, 곡물 등 필수 원자재들의 가격이 오르게 되면 수입 의존도가 높은 한국은 큰 타격을 입게 됩니다. 하지만 문제는 여기서 그치지 않습니다. 한국 원화의 약세가 더 심해지면 글로벌 투자자들의 입장에서 한국 시장의 매력도는 떨어지게 되고, 국내 자본시장에서는 외국인 투자자들의 자금 이탈이 가속화되며 주식시장과 채권시장 등에서 추가적인 하락 압력이 발생하게 됩니다.

또한 이런 글로벌 경제 불확실성이 높아지는 시기에는 이론적으로 원화 약세로 인해 한국의 수출 경쟁력이 증가하는 효과가 나타날 수 있지만, 문제는 전반적인 글로벌 수요가 위축된 상황이기 때문에 수출 증가 효과가 제대로 작동하지 않을 가능성이 크다는 것입니다. 오히려 전체적인 무역량 자체가 감소하면서 경제 성장 둔화와 경기 침체 우려가 더 커질 수 있습니다. 따라서 이러한 상황에서는 낙관적으로 수출 증가를 기대하기보다는 오히려 리스크 관리와 자산 방어 전략에 더 무게를 둘 필요가 있습니다.

이 경우 투자자들에게는 우선적으로는 자산을 지키는 전략이 필요합니다. 금, 미국 국채, 안정적인 통화 등을 중심으로 한 안전 자산으로의 자산 배분이 권장되며, 현금 비중을 확대하여 시장의 불확실성에 대비하는 전략이 현명합니다. 또한 자산의 분산을 통해 변동성을 줄이고 위험을 최소화하는 투자가 권장되는 시기입니다. 주식시장 내에서는 식료품, 생필품 등의 필수소비재 업종이나 헬스케어 관련주와 같은 경기 방어적 성격이 강한 섹터가 상대적으로 선방할 가능성이 높습니다.

한편 달러 약세 환경에서는 글로벌 원자재 가격이 상승하기 때문에 원자재 관련 ETF 등의 상품 역시 상대적인 투자 매력을 가질 수 있습니다. 다만 원화 약세로 인한 원자재 수입 비용 상승을 함께 고려해야 하기 때문에 무작정 원자재 비중을 높이기보다는 글로벌 시장의 움직임과 환율 환경을 고려하여 균형 잡힌 전략을 가져가는 것이 바람직합니다.

요약하자면, 달러 인덱스 하락과 원/달러 환율 상승이 동시에 나타나는 경우는 글로벌 경제 위기 상황에서 한국 경제가 더욱 취약한 위치에 있다는 신호이며, 이는 철저한 리스크 관리와 자산 방어적 투자 전략을 요구하는 시기라고 볼 수 있습니다.

④ 달러 인덱스와 원/달러 환율이 동반 하락

'달러 인덱스와 원/달러 환율이 동시에 하락한다'는 것은 글로벌 외환시장에서 미국 달러의 가치가 전반적으로 약세를 보이고 있으면서 한국 원화가 달러 대비 상대적 강세를 나타낼 때 발생합니다. 매우 드문 현상에 해당하지만, 일시적으로 특정 경제 상황에서 나타나는 경우가 있습니다. 첫 번째로 미국 달러에 대한 글로벌 수요가 줄거나 달러 약세 환경이 조성되어야 하며, 둘째로 한국 원화에 대한 수요나 매력도가 증가하는 이슈가 필요합니다.

2024년 8월 실제로 이러한 드문 조합이 관찰되었습니다. 당시 미국 연준은 금리 인하 가능성을 공식적으로 시사하며, 시장은 연내 두 차례 이상의 금리 인하를 예상하고 선반영하기 시작했습니다. 이는 달러에 대한 기대 수익률을 낮추었고, 달러 인덱스는 하락세로 전환되었습니다. 같은 시기 한국에서는 한국은행의 기준 금리 동결로 한·미 금리 격차가 축소되며 외국인 자금 유출 우려가 다소 완화되었으며, 한국 수출 기업들의 실적 개선, 한국 외환 보유액 안정세, 외국인 순매수 증가 등이 복합적으로 작용하여 원화에 대한 신뢰도가 회복되는 흐름이 나타났습니다. 또한 중국이 부양책을 확대하면서 위안화가 안정세를 보였고, 이는 아시아 전반에 걸친 외국인들의 투자 심리를 개선시켜 한국 원화에도 긍정적인 영향을 미쳤습니다.

이러한 환경에서는 해외 자금이 한국 시장으로 유입될 수 있는 여건이 조성되는 구간이기 때문에 다음과 같은 투자 전략을 고려해볼 수 있습니다. 먼저 내수 중심 기업, 그리고 소비재 관련 업종에 대한 투자를 고려해볼 수 있습니다. 원화 강세는 수입 비용 절감으로 이어지며, 이는 내수 물가를 안정시키고 소비 심리를 개선하는 역할을 합니다. 따라서 유통, 요식업, 여행, 항공 등 내수 소비 업종이 상대적인 수혜를 입을 수 있습니다. 다만 달러 인덱스와 환율의 동반 하락 상황에서는 외화 표시 자산의 환차손 가능성이 높아지기 때문에 달러 자산 비중을 줄이거나 환헤지 ETF 등을 활용하여 손실 가능성을 줄이는 전략이 필요할 수 있습니다.

또한 이 조합은 지속성이 매우 떨어지는 경향이 있음에 유의해야 합니다. 달러 약세와 원화 강세가 동시에 지속되기 위해서는 미국의 본격적인 완화적 통화정책과 한국의 강한 경제 회복세가 동시에 필요하지만 대부분은 단기적인 흐름에 그치는 경우가 많습니다. 따라서 이러한 조합이 관찰되었을 때는 '이 흐름이 얼마나 지속 가능한가?'를 항상 생각하며 전략적인 접근을 해나갈 필요가 있습니다.

치과아저씨의 경제지표 특강
화폐의 역사는 신뢰의 역사였다:
금본위제와 브레튼우즈 체제, 그리고 닉슨 쇼크

화폐의 역사는 본질적으로 신뢰의 역사라고 할 수 있습니다. 아무것도 아닌 조개껍데기, 쇠붙이, 종이가 '돈'의 역할을 하기 위해서는 가치가 있는 무언가로 반드시 바꾸어주겠다는 서로 간의 신뢰가 필요한 것입니다. 특히 근대 금융 체계에서 화폐가 어떻게 가치를 가지게 되었는지 이해하기 위해서는 금본위제, 브레튼우즈 체제, 그리고 닉슨 쇼크에 대한 이해가 필수적입니다.

금본위제(Gold Standard)는 화폐의 가치가 일정량의 금으로 고정되어 있는 통화 체계를 말합니다. 19세기 중반부터 제1차 세계대전에 이르기까지 전 세계적으로 널리 사용된 금본위제는 각국의 화폐가 금의 일정 무게와 교환이 가능했다는 점에서 화폐의 안정성을 보장했습니다. 하지만 금본위제는 금의 공급량에 따라 경제의 확장성이 제한된다는 문제점이 존재했습니다. 즉 세계 경제의 규모는 커져가는데 금의 공급이 그 규모를 따라가지 못하면서 화폐를 더 많이 발행할 수 없게 된 것입니다. 또한 경기 침체 시에 금본위제를 유지하려는 국가들이 돈을 풀어야 할 때 금이 없어서 반대로 지출을 줄이고 세금을 더 걷는 식으로 긴축 정책을 펴면서 경기 불황이 심화된다는 문제점이 드러났습니다. 이러한 문제점이 1930년대 대공황 때 불황이 장기화된 이유이기도 합니다. 결국 1930년대 대공황을 거치며 주요 국가들은 금본위제를 포기하기 시작했습니다.

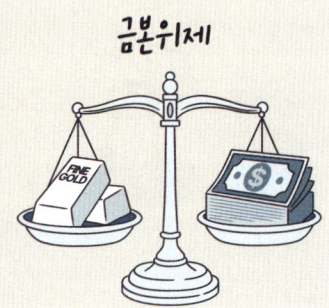

1944년 미국 뉴햄프셔주의 브레튼우즈에서 열린 회의는 새로운 국제 통화질서를 탄생시켰습니다. 브레튼우즈 체제(Bretton Woods System)라고 명명된 이 체제는 미국 달

러만 금과 교환 가능하게 하고, 다른 나라들의 통화는 달러에 고정환율로 연동시키는 구조를 가지고 있었습니다. 즉 달러가 국제 통화 체제의 중심으로 부상한 것입니다. 브레튼우즈 체제 하에 세계 경제는 비교적 안정된 국제 교역과 금융 질서를 유지할 수 있었습니다.

하지만 이 시스템 역시 구조적으로 약점이 존재했습니다. 브레튼우즈 체제는 미국 달러만 금으로 교환할 수 있었으며, 달러는 국제 무역의 기준 통화였습니다. 문제는 전 세계에 달러를 뿌릴 수 있는 나라는 오직 미국뿐이었다는 것입니다. 결국 미국은 달러를 전 세계에 공급하기 위해 '무역적자'를 낼 수밖에 없었습니다. 즉 미국이 외국 제품을 수입해야 달러가 외국으로 공급되는 것입니다. 이를 경제학자들은 '트리핀 딜레마(Triffin Dilemma)'라고 부릅니다. 국제 기축통화국은 세계에 유동성을 공급하기 위해 자국 경제의 적자를 감수해야 하는 역설적인 상황에 놓이는 것이죠. 시중에 유통되는 달러는 점점 많아졌으며, 달러를 금으로 바꾸려는 수요는 늘어갔습니다. 하지만 미국이 보유한 금은 한계가 있었으며 점점 달러를 금으로 바꾸어주는 금 태환이 어려워지기 시작했습니다.

이러한 구조적 한계는 결국 1971년 8월 15일 미국의 닉슨 대통령이 달러의 금 태환 정지를 선언하면서 극적으로 무너졌습니다. 이를 닉슨 쇼크(Nixon Shock)라 부르며, 이 사건으로 브레튼우즈 체제는 사실상 붕괴되고 전 세계 통화는 고정환율제에서 변동환율제로 전환되었습니다. 이후 화폐의 가치는 금과의 연관성을 잃었으며 정부의 신용과 경제력에 의해 결정되는 신용화폐 시대가 본격적으로 열리게 되었습니다.

04
경기:
좋을 때와 나쁠 때의 투자 방향은 달라야 한다

투자자들의 필수 덕목, 경기에 맞추어 행동하라

경기라는 것은 마치 봄, 여름, 가을, 겨울의 사계절이 일정한 흐름에 따라 반복적으로 바뀌는 것과 매우 유사한 모습을 보입니다. 사계절은 늘 같은 순서로 돌아오지만 매년 기후가 조금씩 다르고 그 변화의 폭도 달라지듯, 경제 역시 비슷하면서도 미세하게 차이가 있는 순환의 과정을 거칩니다. 즉 경기는 상승하는 호황기, 하락하는 불황기, 그리고 다시 안정기를 거치는 주기를 지속적으로 반복합니다.

여기서 말하는 '경기'란 경제에서 매매나 거래가 이루어지는 시장의 전반적인 상황을 나타내는 용어입니다. 경기가 좋다는 것,

즉 '호황'이라는 것은 경제가 전반적으로 활기차고 긍정적이며 성장의 기운이 가득한 시기임을 의미합니다. 호황기에는 기업들이 생산력을 최대한 끌어올리고, 활발하게 투자와 고용을 진행하게 됩니다. 호황기의 기업들은 신규 설비를 도입하거나 사업 확장에 적극적이며, 호황기의 노동자들은 높은 고용률 덕분에 안정된 일자리와 증가된 소득을 얻으며 소비를 확대하게 됩니다. 이처럼 순환되는 호황기의 긍정적인 흐름은 결국 시장 전체의 경제 활성화를 촉진하는 역할을 합니다. 이 시기에는 투자자들의 심리 또한 자연스럽게 낙관적으로 변하여 적극적인 투자 활동을 펼치게 됩니다. 투자자들은 주식시장, 부동산 시장 등의 자산시장이 호황과 함께 상승할 것으로 기대하며 과감하게 투자 활동을 확대합니다.

반대로 경기가 하락하고 불황이 찾아오는 시기에는 전혀 다른 양상이 나타나게 됩니다. 불황기에 접어들면 기업의 매출과 이익이 급격히 감소하고, 신규 투자는 얼어붙기 시작합니다. 비용 절감과 구조조정이 이어지면서 실업률이 증가하게 되고, 소비자들은 고용 불안과 소득 감소에 따른 심리적 위축으로 소비를 줄이게 됩니다. 당연히 기업의 매출은 더욱 감소하게 되며, 이러한 악순환은 계속 이어지게 됩니다. 이 과정에서 시장의 불확실성은 급격히 증가하게 됩니다. 투자자들 역시 불안감을 느끼며 적극적인 투자를 꺼리고 보수적인 태도를 취하게 됩니다. 투자자들은 자산 가치의 하락을 두려워하며, 상대적으로 안전한 자산인 현금·국채·금과 같은 안전자산으로 이동하는 경향을 보입니다.

이렇게 호황기와 불황기의 차이는 너무나도 극명하지만, 경기가 변화하는 이유는 하나로 간단히 정의할 수 없습니다. 경기의 변화에는 세계적인 경제 환경 변화, 지정학적 리스크, 정부의 정책적 대응, 중앙은행의 통화정책 변화 등 수많은 복합적인 요인이 얽혀 있으며, 단기적·중기적·장기적인 영향이 상호작용하며 경기의 흐름을 만들어냅니다.

하지만 우리가 확실하게 말할 수 있는 사실은 "투자자들은 경기의 변화를 이해하고 이에 맞춰 행동해야 한다"는 것입니다. 현재 경기, 그리고 앞으로의 경기를 정확하게 이해하지 못한 채 동일한 투자 전략으로 일관한다면, 경기의 상승과 하락이 만들어내는 거대한 물결을 타지 못하고 그 파도에 뒤덮여 도태될 가능성이 큽니다.

투자는 바다 위를 항해하는 배와 비슷합니다. 날씨가 맑고 바람이 순풍으로 불어주는 시기에는 돛을 활짝 펴고 과감하게 앞으로 나아가야 합니다. 그러나 날씨가 변해 폭풍이 닥치고 풍랑이 높아지는 시기가 찾아오면, 즉시 돛을 접고 안전한 항구로 피신하는 것이 올바른 선택이 됩니다. 경제라는 바다 위에서도 마찬가지입니다. 호황기에는 적극적이고 공격적인 투자로 최대한의 수익을 추구해야 하지만, 불황기나 침체기에는 투자 규모를 줄이고 리스크를 최소화하는 전략을 구사해야만 자산을 보호할 수 있습니다. 결국 성공적인 투자를 위해서는 반드시 현재의 경기가 어떠한 상황인지, 그리고 다음 단계의 경기는 어떻게 전개될 것인지에 대한 이해와 판단이 필요합니다. 즉 과거 경기의 사이클을 연구하고 경제 데이터와 주요 경제지표를 지속적으로 관찰하며, 이로부터 향후 경기 방향을 예측하는 능력을 갖추어야 하는 것입니다.

마치 사계절의 흐름을 알고, 봄에 씨앗을 뿌리고 여름에 가꾸며 가을에 수확하고 겨울에는 휴식을 취하는 농부처럼, 투자자 역시 경기가 호황으로 향하는 초입에서 씨앗을 뿌리고 적극적으로 투자하고, 상승장에서는 수확을 늘려가며, 불황이 닥치기 전에 미리 수익을 실현하고 안전한 자산으로 이동하는 전략을 반복적으로 실행해야 합니다. 즉 경기를 이해하고 대응하는 것은 투자자로서의 생존과 성장을 위한 필수 능력이며, 시장의 계절을 지배하고 그 흐름을 자신의 편으로 만들기 위한 핵심 전략이라 할 수 있습니다.

경기의 순환을 이해하면 시장의 계절을 지배할 수 있다

경기는 끊임없이 호황기와 불황기를 반복하며, 마치 사계절이 바뀌듯 상승과 하강의 순환을 반복합니다. 이 경기 순환의 흐름은 우리가 앞서 살펴본 금리, 물가, 환율, 통화량과 같은 주요 경제지표에 매우 밀접한 영향을 미칩니다. 투자자는 이 경제지표들을 읽고 경기의 흐름을 예측하며 그에 맞는 투자 전략을 세워야 합니다.

경기의 봄, 활기가 넘치는 호황기

경기가 호황일 때는 모두에게 활기가 넘치며 낙관적이고 선순환 구조가 나타나게 됩니다. 이를 사계절 중에는 봄에 비유할 수 있습니다. 경제가 활기를 되찾고 호황기로 진입하면, 기업들은 생산능력을 최대한 끌어올리고 적극적인 투자 확대를 추진합니다. 개인들 역시 미래에 대한 기대감 속에서 소비를 늘리며 경제를 활성화시킵니다. 이러한 과정에서 화폐에 대한 수요는 자연스럽게 증가하게 됩니다. 경제 규모가 성장하면서 통화 공급이 부족하지 않도록 중앙은행은 적극적으로 유동성을 공급하고 통화량을 늘리는 경향이 있습니다.

통화량이 증가하면 자금 조달 비용이 낮아지고, 금리는 상대적으로 낮은 수준에서 유지됩니다. 이는 기업들에게는 신규 사업에 필요한 자금을 쉽고 저렴하게 조달할 수 있는 환경을 조성해주며, 개인 역시 낮은 금리로 인해 주택 구입이나 자동차 구매 등의 지출을 늘리게 됩니다. 이에 따라 경제 전반에서 소비와 투자의 선순환 구조가 형성되며, 자산 가격은 전반적으로 상승세를 보이게 됩니다.

경기의 여름, 과열되는 시장과 중앙은행의 금리 인상

하지만 호황기가 지속되고 시장이 과열되면 점차 경제 전반에 인플레이션 압력이 증가하게 됩니다. 앞서 '물가' 파트에서 보았듯이 지나친 경기 과열은 결국 자산 가격의 비정상적 상승인 버블을 형성할 가능성이 높아지게 됩니다. 이에 중앙은행은 금리를 점차적으로 인상하여 경제의 과열을 억제하고 균형점을 찾기 위해 노력합니다.

금리 인상이 단행되면 기업은 신규 투자에 소극적이 되고, 소비자들 또한 높은 이자 부담으로 인해 소비를 줄이게 됩니다. 이는 결과적으로 화폐의 유통 속도를 줄이고 물가 상승의 압력을 완화시키는 역할을 합니다. 또한 이 시기에는 금리가 높은 나라의 통화가 상대적으로 강세를 보이는 경향이 있어 외국 자본이 높은 금리를 추구하며 유입될 수 있으나, 이는 자국의 수출품 가격 경쟁력을 저하시킬 수 있어 세심한 주의가 필요합니다.

경제의 가을, 위축되는 경기와 중앙은행의 양적 완화

경기가 정점을 찍고 침체 국면으로 들어서면 기업은 투자를 줄이고, 소비자는 소비 지출을 억제하기 시작합니다. 이는 경제 전체적으로 화폐 수요의 급격한 감소를 가져옵니다. 이를 완화하고 경기 침체의 악순환을 막기 위해 중앙은행은 금리를 인하하고 양적 완화 정책을 펼쳐 통화량을 늘리고 경기를 부양하려 노력합니다.

금리 인하가 이루어지면 기업과 개인은 다시 자금을 보다 낮은 비용으로 조달할 수 있게 되며, 이는 경기 회복을 위한 중요한 기반이 됩니다. 하지만 이 과정에서 통화량의 증가가 수반되기 때문에 장기적으로는 물가 상승 압력이 높아질 가능성이 있으며, 환율 또한 약세로 전환되는 경향이 나타납니다. 낮은 금리는 또한 외국 자본의 유출을 초래하여 시장의 불안정성을 높일 가능성도 내포하고 있습니다.

경제의 겨울, 디플레이션과 장기 불황의 그림자

불황기가 심화되면 더 깊은 문제, 바로 디플레이션이라는 난제가 기다리고 있습니다. 디플레이션은 소비자물가가 하락하거나 안정적인 상황에서도 경제성장률이 둔화되거나 지속적으로 낮은 수준에 머무는 현상을 의미합니다. 이런 디플레이션은 경제를 장기적인 침체의 늪으로 빠뜨릴 위험이 있습니다.

대표적인 사례는 일본입니다. 일본은 1990년대 초반 부동산과 주식시장의 버블이 터진 이후 20년이 넘는 기간 동안 디플레이션에 시달리고 있습니다. 일본의 중앙은행은 경기 부양과 디플레이션 극복을 위해 장기간에 걸쳐 기준 금리를 거의 제로 수준으로 유지하고 있으며, 적극적으로 양적 완화 정책을 시행하고 있습니다. 그러나 인구 고령화와 출산율 저하로 인한 노동력 감소, 소비시장 위축, 생산성 저하 등의 구조적 문제로 인해 정책적 효과가 제대로 나타나지 않고 있습니다.

장기 저금리 정책이 지속되면 국가는 급증하는 국가 부채라는 또 다른 문제를 안게 됩니다. 일본은 이로 인해 금융시장의 금리 왜곡 현상을 경험하고 있으며, 일부 채권의 금리는 심지어 마이너스 수준으로까지 떨어지기도 했습니다. 초저금리 환경은 잠재적으로 자산시장의 투기적 투자와 새로운 버블 형성을 촉진할 우려를 낳기도 합니다.

이런 일본의 사례는 한국에게 특히 중요한 경고의 메시지를 던지고 있습니다. 한국 역시 이제 본격적인 고령화 사회로 진입하고 있으며, 세계적으로 전례를 찾아보기 힘들 정도의 심각한 저출산 위기를 맞이하고 있습니다. 일본이 겪은 장기 불황과 디플레이션, 저성장과 저금리 정책의 폐해는 한국에게 다가올 가까운 미래를 미리 보여주는 사례일지도 모릅니다.

통화량과 경기: 같은 통화량 증가가 금리를 다르게 움직이는 이유

이어서 호황과 불황에서 통화량, 그리고 금리의 변동 추이에 대해 조금 더 살펴보도록 하겠습니다. 거시경제를 공부하거나 투자할 때 많은 사람이 혼란을 느끼는 이유 중 하나는 경제지표의 변화가 가져오는 결과가 단순하게 하나로 정해지지 않는다는 데 있습니다. 일례로 통화량의 증가는 금리의 상승을 가져올 수도, 금리의 하락을 가져올 수도 있습니다. 즉 통화량 증가는 금리 상승과 하락의 동시 요인으로 작용할 수 있다는 것입니다.

호황기의 통화량 증가, 금리 상승의 촉매가 되다

먼저 경제가 성장하고 호황기에 접어든 상황을 생각해봅시다. 호황기에는 기업들이 활발하게 생산과 투자를 늘리고, 개인들은 소비와 지출을 확대하게 됩니다. 이러한 경제의 활발한 움직임은 자연스럽게 자금 수요의 증가로 연결됩니다. 기업들은 새로운 설비를 구축하거나 공장을 확장하기 위한 자금을 필요로 하고, 개인들은 주택 구매, 내구재 소비 등을 위해 더 많은 돈을 빌리려 할 것입니다.

이 과정에서 경제의 활기를 유지하고 성장을 뒷받침하기 위해 중앙은행은 적극적으로 시장에 유동성을 공급하게 됩니다. 이렇게 하면 자연히 통화량이 증가하고 시중에는 돈이 더 많이 풀리게 됩니다. 초기에는 이러한 통화량 증가가 대출과 투자를 더욱 촉진시키며 긍정적인 경제 효과를 가져옵니다.

하지만 문제가 시작되는 것은 바로 이 지점입니다. 경제 성장과 소비 확대로 인해 시장이 과열되기 시작하면 물가는 상승 압력을 받게 됩니다. 자산 가격은 빠르게 상승하고, 소비재 가격 또한 가파르게 오르게 됩니다. 즉 통화량의 지속적인 증가는 일정 시점 이후에는 인플레이션이라는 부작용을 만들어낼 가능성이 매우 높아지는 것입니다.

이에 따라 중앙은행은 경제의 과열과 인플레이션 압력을 완화하기 위해 통화정책을 긴축적으로 전환하게 됩니다. 이때 중앙은행이 사용하는 대표적인 정책 수단이 바로 금리 인상입니다. 금리를 인상하면 대출 비용이 증가하여 기업과 개인 모두 추가적인 자금 조달에 어려움을 느끼게 되며, 자연스럽게 경제가 일정 부분 냉각되고 물가 상승 속도가 둔화될 수 있습니다. 이렇듯 호황기에는 통화량 증가가 일정 수준을 넘어가면 금리 인상을 촉발하는 요인으로 작용할 수 있습니다.

불황기의 통화량 증가, 금리를 하락시키는 완화책이 되다

그러나 경제가 불황기나 경기 침체에 놓여 있을 때는 통화량 증가가 완전히 다른 양상으로 나타나게 됩니다. 불황기에는 기업들이 신규 투자를 미루거나 최소화하고, 개인들은 경제 불안정성으로 인해 소비와 지출을 억제하게 됩니다. 자연스럽게 시중의 화폐 수요는 감소하고, 대출 수요 또한 크게 줄어들게 됩니다.

이러한 상황에서 경제를 부양하기 위해 중앙은행이 취하는 전략은 통화 공급 확대, 즉 양적 완화 정책입니다. 중앙은행은 적극적으로 시장에 자금을 공급하고 유동성을 풍부하게 유지하면서 금리를 낮춥니다. 시중 은행들이 보유하는 자금이 증가하고, 은행은 기업과 개인에게 낮은 금리로 대출을 제공할 수 있게 됩니다. 이렇게 하면 기업들은 낮은 비용으로 투자를 재개할 수 있는 여건이 마련되고, 개인 소비자들 또한 주택 구매나 소비 활동을 보다 저렴하게 자금을 빌려서 할 수 있게 됩니다. 이 경우 통화량 증가는 경제를 되살리기 위한 촉진제로 작용하며, 금리를 낮추는 주요 원인으로 작용합니다. 앞선 호황기의 통화량 증가가 금리 상승의 요인으로 작용한 것과는 정반대의 모습입니다.

호황기와 불황기의 투자 원칙

마지막으로 호황기와 불황기의 투자 방향이 어떻게 달라야 하는지 살펴본 후 이번 파트를 마치도록 하겠습니다.

호황기 투자 전략: 공격적 성장을 추구할 때

경기가 호황일 때는 경제 전체가 성장하고 기업들이 활발하게 수익을 창출하는 환경입니다. 소비와 투자가 왕성하고 기업들의 생산과 설비투자 또한 늘어나기 때문에 시장 전반적으로 투자에 우호적인 환경이 형성됩니다. 따라서 호황기에는 높은 수익률을 기대할 수 있는 '위험자산' 중심의 투자 전략이 일반적으로 유리합니다.

대표적으로 주식시장에서는 소비재, 기술주, 금융주와 같은 성장성이 높은 산업군에 투자하는 것이 효과적일 수 있습니다. 기술주는 새로운 혁신과 제품 개발을 통해 수익성을 급격히 높일 가능성이 크며, 금융주는 금리 인상기 초반에는 이자 마진 확대를 통해 수익성을 높일 수 있는 환경을 갖추게 됩니다. 또한 경기에 민감하게 반응하는 철강, 자동차, 건설, 화학 산업 등 이른바 경기 민감주에 적극적으로 투자하는 것도 호황기에는 효과적입니다.

호황기에는 자산 가격이 전반적으로 상승하기 때문에 공격적인 투자 전략을 통해 높은 수익을 추구할 수 있는 기회가 많습니다. 성장 잠재력이 높은 신흥 산업이나 혁신 기업에 적극적으로 투자하여 수익을 극대화할 수 있습니다. 또한 주식시장뿐만 아니라 부동산이나 원자재와 같은 실물 자산시장에서도 상승 여력이 많아 투자 기회가 풍부합니다.

다만 주의해야 할 점은 시장이 지속적으로 과열될 경우 결국 자산의 버블이 형성될 수 있다는 것입니다. 경제가 계속 확장되면서 중앙은행이 긴축 정책을 시행하며 금리를 인상하게 되면 투자자들의 심리가 위축될 가능성이 있습니다. 따라서 호황기의 마지막 단계에서는 리스크 관리에 신경 쓰며 자산을 분산하고 현금을 확보하여 경제의 급격한 변화에 대비하는 것이 중요합니다.

불황기 투자 전략: 자산을 지키는 방어적 접근이 핵심

반대로 경기가 침체하고 불황이 찾아왔을 때는 경제활동이 전반적으로 위축되고 기업의 수익성이 감소하게 됩니다. 이 시기에는 '안전자산' 중심으로 보수적인 투자 전략을 유지하며 자산을 보호하는 것이 무엇보다 중요합니다.

불황기에는 대표적인 안전자산인 국채와 금이 방어적인 투자처로 각광받습니다. 국채는 상대적으로 안정적인 이자를 지급하고, 불확실성이 클수록 가격이 상승하는 경향이 있어 불황기에 안정성을 제공합니다. 금 또한 인플레이션 방어 기능과 안전자산으로서의 매력을 가지고 있어 경제 불안 시기에 선호되는 투자처입니다. 주식시장에서는 고배당을 지급하는 배당주, 필수소비재 산업에 속한 기업들이 상대적으로 안정적인 성과를 보일 수 있습니다. 배당주는 안정적인 현금 흐름을 제공하며, 필수소비재 기업들은 경기 침체 속에서도 꾸준한 소비 수요를 유지하기 때문에 변동성이 낮아 투자자들에게 선호되는 편입니다.

불황이 심화되고 경기 침체의 장기화가 예상된다면, 투자자들은 현금 비중을 늘리고 시장의 추가적인 하락에 대응할 수 있는 준비를 갖추는 것도 필요합니다. 또한 불황기에도 경기 회복 가능성을 장기적으로 고려하는 것이 필요합니다. 경제가 다시 회복기로 진입하게 되면 큰 폭의 반등이 나타날 가능성이 크기 때문입니다. 불황기에 저평가되어 있는 우량 산업과 기업을 찾아 꾸준히 분할 매수하는 전략을 통해 장기적인 수익을 창출할 수 있는 기회를 만들 수도 있습니다.

치과아저씨의 경제지표 특강
일본의 저금리 현상:
30년 장기 침체의 그림자

오늘날 전 세계에서 가장 오랫동안 저금리 정책을 유지한 나라를 꼽으라면 단연 일본이 그 중심에 있습니다. "일본은 전 세계의 연구 대상국이다"라는 말이 있을 정도로, 일본의 저금리는 유례를 찾아보기 어려운 수준입니다. '잃어버린 30년(Lost Decades)'이라 불리는 일본의 사례는 단순한 저금리 상태의 유지를 넘어 물가, 소비, 투자, 성장률 전반이 동시에 얼어붙은 장기적 디플레이션 상태를 보여줍니다.

■ 일본 기준 금리 추이

자료: 한국은행, 미국 연방준비제도, 일본은행

1950~1980년대의 시기는 일본 경제의 전성기라고 볼 수 있습니다. 일본 기업들은 전 세계 시장을 장악하고 있었으며, 이 시기 일본 GDP는 미국 GDP의 70% 수준에 달할 만큼 일본은 경제 초강대국이었습니다. 여기서 미국의 견제가 시작됩니다. 1985년 미국 뉴욕에 있는 플라자 호텔에서 미국은 대외 불균형을 시정하기 위해 일본 엔화와 독일 마르크화의 평가절상을 시행합니다. 여기서 일본 엔화 가치가 갑자기 절상되면서 일본의 수출 경쟁력은 약화되었으나, 일본은 막대한 해외 투자 수입을 올리게 됩니다. 플라자 합의 이후 일본은 해외에서는 잘나갔지만, 국내 경기는 장기 침체에 접어들게 되었습니다. 국내 경기를 되살리기 위해 일본 정부는 금리를 낮추고 대출 규제를 완화해주었습니다. 일본 정부가 저금리로 돈을 풀기 시작하자 사람들이 일해서 돈을 벌려고 하기보다는 불로소득에 해당하는 자본소득에 관심이 늘어나게 되었으며, 일본의 부동산과 주식시장 모두 사상 유례없는 자산 가격 상승을 겪게 됩니다. 당시 도쿄의 땅값은 뉴욕 전체를 살 수 있다는 말이 돌 정도로 폭등했고, 일본 사람들은 부동산과 주식을 '절대 하락하지 않는 자산'으로 여겼습니다.

일본 정부는 과열된 자산시장을 진정시키기 위해 금리를 인상하고 금융 규제를 강화했고, 이 조치가 자산 가격 붕괴의 시발점이 되었습니다. 부동산과 주식 가격은 급락했고, 기업과 금융기관은 막대한 부채를 짊어지게 되었으며, 소비는 위축되고 경기 침체가 고착화되기 시작했습니다. 대출의 90% 정도가 휴지조각이 되면서 모든 의욕을 잃어버린 일본 경기는 장기 저성장 국면으로 진입하게 되었습니다.

2012년 아베 총리는 "윤전기를 쌩쌩 돌려서 일본은행으로 하여금 돈을 무제한으로 찍어내게 하겠다"라는 신조 아래 아베노믹스라는 정책을 시행하게 됩니다. 즉 무제한 양적 완화를 통해 일본의 경기 침체를 잡겠다는 정책입니다.

하지만 금리가 아무리 낮아져도 소비와 투자는 살아나지 않았습니다. 디플레이션 기대 심리 때문입니다. 사람들이 물가가 앞으로도 계속 떨어질 것이라 믿는 한, 지금 소비하거나 투자할 유인이 줄어듭니다. 기업도 설비 투자보다는 비용 절감과 현금 보유를 우선시하게 됩니다.

이로 인해 경제는 낮은 금리 상태에서 계속해서 정체되었고, '유동성 함정(Liquidity Trap)'이라는 개념이 일본 경제를 설명하는 핵심 용어로 등장하게 되었습니다.

일본의 장기 저금리는 또 다른 구조적 문제를 불러왔습니다. 금융기관의 이자 마진이 줄어들며 은행들은 대출보다 안전자산 선호 현상을 보였습니다. 또한 고령화 사회에서 안정적 수익을 내야 할 국민연금의 수익 기반이 약화되었으며, 장기 저금리는 일부 부동산과 증시 섹터에 거품을 재형성하기도 하였습니다. 또한 생산성이 전혀 없는 기업들도 구조조정 없이 살아남으며, 전체 산업 효율이 저하되는 결과를 낳았습니다.

일본의 장기 저금리는 단순히 금리를 낮추는 것만으로는 경제를 되살릴 수 없다는 사실을 보여주는 기념비적인 사례이며, 경제주체들의 기대 심리, 특히 물가와 성장에 대한 기대가 시장 상황을 결정하는 데 얼마나 중요한 역할을 하는지를 증명한 사례입니다.

05
고용: 낮은 실업률의 딜레마

완전고용: 과연 최선의 상태일까?

고용은 단순히 생계를 이어가기 위한 수단이라는 의미를 넘어, 개인과 사회가 연결되며 소속감을 공유하는 중요한 요소 중 하나입니다. 노동이란 개인이 사회적 존재로서 자신의 가치를 확인하고, 공동체와 소통하며 더 큰 사회적 목표에 기여할 수 있게 해주는 수단이기 때문입니다. 일을 통해 사람들은 성취감을 얻고, 사회적 정체성을 형성하며, 공동체와 사회의 발전에 중요한 역할을 합니다.

《국부론》의 저자인 경제학자 애덤 스미스(Adam Smith)는 "노동은 모든 부의 진정한 원천이다(Labor is the real source of wealth)"

라고 말하며, 고용의 중요성을 강조했습니다. 그가 주장했던 바와 같이 노동은 단순히 개인적 차원의 수입이나 소비의 근원이 되는 것뿐만 아니라, 국가 전체의 경제 발전과 번영을 지탱하는 본질적인 요소라고 볼 수 있습니다. 따라서 고용 문제는 국가 경제의 안정과 성장, 그리고 사회 전체의 지속가능성을 유지하는 데 있어 절대 간과할 수 없는 중요한 지표가 됩니다.

그렇다면 모두가 일자리가 있어 고용된 상태, 즉 완전고용(full employment) 상태가 가장 이상적인 최선의 상태라고 볼 수 있을까요? 이 질문에 답하기 위해서는 먼저 '완전고용'의 정확한 정의를 살펴보아야 합니다. 경제학적으로 완전고용이란 모든 노동자가 자신이 보유한 기술과 경험에 부합하는 적절한 일자리를 찾을 수 있는 상태를 말합니다. 그러나 현실적으로 실업률*이 정확히 0%인 사회는 존재하기 어렵습니다. 왜냐하면 노동시장에서는 항상 일부 노동자가 자발적으로 일자리를 옮기거나, 새 직장을 찾는 동안 일시적으로 실업 상태가 되는 현상이 발생하기 때문입니다.

여기서 등장하는 또 다른 개념은 '자연 실업률(Natural Rate of Unemployment)'입니다. 자연 실업률은 경제가 안정적이고 정상적

---

* 실업률(Unemployment Rate)은 ① 지난달 실업 상태에 있었으며, ② 적극적으로 구직활동을 하는 총노동력의 비율을 측정합니다. 정확하게는 'U-3 기준'을 사용하는데 이는 15세 이상의 국민 중 일할 능력과 의지는 있지만, 일을 하고 있지 않으며 지난 4주 동안 적극적으로 구직하고 있는 사람들로 정의할 수 있습니다. 통상적으로 실업률 수치가 높은 경우 국가의 화폐 가치 및 경제 전망이 부정적이라 생각할 수 있으며, 실업률 수치가 낮은 경우 긍정적으로 받아들여집니다.

으로 기능하고 있는 상태에서도 불가피하게 존재하는 실업률을 의미합니다. 자연 실업률에는 개인이 더 좋은 일자리를 찾기 위해 자발적으로 일을 그만두고 구직하는 과정에서 일시적으로 발생하는 마찰적 실업, 산업구조 변화나 기술 발전 등으로 기존 일자리의 필요성이 사라지면서 발생하는 구조적 실업 등이 포함됩니다. 자연 실업률은 경제학적으로 완전히 자연스럽고 불가피한 현상 중 하나입니다. 실제로 미국의 경제학자 디킨즈(Dickens)는 2000년대 초반에 완전고용 상태의 실업률을 약 5.5%로 추정하였습니다. 현재 경제학계는 통상적으로 3~4% 수준의 실업률을 자연 실업률로 간주하고 있으며, 한 사회의 실업률이 자연 실업률보다 같거나 더 낮은 수준일 때 일반적으로 완전고용 상태로 평가하고 있습니다.

통상적으로 완전고용 상태에 도달했다는 것은 노동시장의 수요와 공급이 적정한 균형을 이루고 있다는 것을 의미합니다. 즉 과잉 노동력으로 인해 일자리를 찾기 어려운 상황도 없고, 반대로 노동력 부족으로 인해 기업들이 생산에 어려움을 겪는 상황도 없다는 것입니다. 이상적인 완전고용 상태에서는 모든 가용 노동력이 효율적으로 활용되므로 GDP가 최대한으로 증가하고 국가 경제의 잠재력이 최대한으로 발휘될 수 있습니다. 또한 실업자가 적어지면 빈곤율이 낮아지고, 사회적으로 경제적 소외와 불평등도 감소하는 효과가 나타나며 궁극적으로는 범죄율이 감소하고, 사회적 불안정이 완화되는 등 긍정적인 사회적 효과가 발생합니다. 또한 노동시장이 안정적으로 유지되면 정부의 재정에도 긍정적인 효과가 생깁니다. 고용 증가로 인해 개인들이 지급하는 소득세와 소비세가 증가하여 정부의 재정 수입이 확대되며, 동시에 실업 급여 등의 사회적 복지 비용은 자연스럽게 줄어들게 되어 정부 재정 건정성에도 큰 도움을 줍니다.

완전고용의 역설: 단기 필립스 곡선의 개념과 한계

얼핏 생각하면 실업률이 0%에 수렴하는 완전고용 상태는 모두에게 이상적인 상황처럼 보입니다. 경제적으로나 사회적으로나 모든 사람이 일자리를 가질 수 있는 환경이 가장 바람직하다고 생각될 수 있기 때문입니다. 그러나 현실 경제에서는 이런 완전고용 상태가 꼭 바람직하다고 보고 있지 않습니다.

완전고용의 역설과 한계를 이해하기 위해서는 먼저 '필립스 곡선(Phillips Curve)'이라는 경제학적 개념을 알아야 합니다. 필립스 곡선은 1958년 영국의 경제학자 앨번 윌리엄 필립스(A. W. Phillips)가 제시한 이론으로, 실업률과 물가상승률(임금상승률) 간의 상관관계를 나타낸 곡선입니다. 필립스 곡선은 경제학 역사상 최초로 실업률과 물가 간의 관계를 구체적으로 정량화하여 제시한 이론으로 평가받고 있습니다. 고전적인 형태의 필립스 곡선의 기본적인 개념은 다음과 같습니다.

"실업률이 낮아지면 물가상승률(인플레이션)이 높아지고,
실업률이 높아지면 물가상승률이 낮아진다."

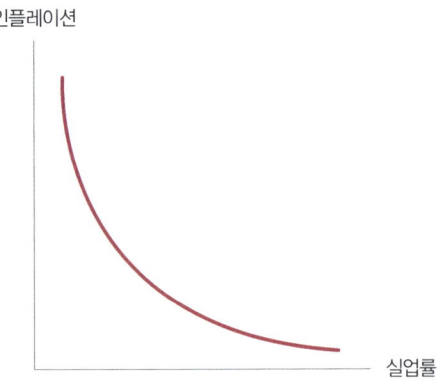

조금 더 자세히 살펴보자면, 경기가 호황으로 접어들어 노동시장이 활발하고 완전고용 상태에 가까워지면 노동자들의 임금 상승 압력으로 인해 전반적인 물가가 상승하는 경향이 생긴다는 것입니다. 반대로 경기가 침체되어 실업률이 높아지면 소비가 위축되고 기업이 임금을 올릴 이유가 없어지기 때문에 물가 상승 압력이 낮아지고 인플레이션이 진정되는 경향이 나타나게 됩니다.

핵심을 다시 정리하자면, 단기 필립스 곡선은 결국 이렇게도 정의할 수 있습니다.

"경기가 과열되면 물가가 오르고,
경기가 나빠지면 물가는 안정된다."

이처럼 필립스 곡선은 기본적으로는 실업률과 물가상승률 간의 음의 상관관계를 보여주는 중요한 이론입니다.

고전적인 필립스 곡선의 개념을 바탕으로 정부와 중앙은행은 경제정책과 통화정책을 통해 실업률과 인플레이션 사이에서 어느 정도의 줄타기를 하며 일정 수준에서 관리할 수 있겠다는 생각을 가지게 됩니다. 즉 경기가 나쁘고 실업률이 높을 때 중앙은행은 금리를 인하하거나 통화량을 늘려 경기 부양을 유도할 수 있습니다. 다시 말해 돈을 풀어서 고용을 증가시키고 소비를 진작시킴으로써 이론적으로는 디플레이션 현상을 해결할 수 있는 것입니다. 비슷한 원리로 실업률을 해결하기 위해 인플레이션을 감수하는 전략을 사용할 수도 있습니다. 반대로 경제가 과열되고 물가가 급격하게 상승할 때는 금리를 높이거나 정부의 지출을 축소하여 경기의 과열을 진정시키고 물가 상승 압력을 완화할 수도 있습니다. 즉 긴축 정책을 펴면서 실업률이 오르는 것을 어느 정도 감수하며 물가를 잡는 전략을 취할 수도 있는 것입니다.

그러나 고전적인 필립스 곡선의 개념은 1970년대 들어 그 한계를 명확하게 드러내기 시작했습니다. 대표적으로 1970년대에 발생한 오일쇼크 사태와 함께 나타난 스태그플레이션* 현상이 필립스

---

* 스태그플레이션(Stagflation): 경기 침체(Stagnation)가 발생하는 동시에 물가가 지속적으로 상승(Inflation)하는 이례적인 경제 상태. 원자재 가격 급등과 같은 공급 충격과 과도한 통화 확장이나 규제 등의 비효율적인 경제정책이 결합하여 발생하는 경우가 많으며, 일반적인 경제 이론에서 실업률이 높을 때 물가 상승이 억제된다는 상식을 깨뜨리는 현상이다.

곡선의 한계를 드러내는 큰 사건이었습니다. 당시 경제는 실업률이 높아지는 가운데 물가도 급격히 상승하는 이례적인 현상이 관찰되었는데, 이러한 경제 환경을 필립스 곡선은 제대로 설명하지 못했습니다. 단기 필립스 곡선의 주요 한계는 다음과 같이 세 가지 정도로 정리할 수 있습니다.

첫째는 '기대 인플레이션'을 충분히 고려하지 않았다는 점입니다. 사람들은 과거의 인플레이션 경험을 통해 미래에도 지속적으로 물가가 상승할 것이라고 예상하게 됩니다. 노동자들은 물가가 계속 상승할 것으로 기대하며 임금 인상을 지속적으로 요구하게 되고, 기업 역시 늘어난 비용을 가격에 전가합니다. 이렇게 되면 인플레이션은 점점 '고착화'되어 실업률을 낮추기 위한 정부의 정책 효과는 시간이 지날수록 점차 약해지게 됩니다. 결국 단기적으로 실업률을 낮추기 위해 인플레이션을 감수하더라도 사람들의 기대 인플레이션을 높이는 결과만 불러올 뿐 장기적인 효과를 보기가 어려우며, 실업률은 다시 본래의 '자연 실업률'로 돌아오는 결과를 낳게 되는 것입니다.

둘째는 필립스 곡선이 '수요' 측면에서의 경제 현상만을 설명할 수 있었을 뿐, '공급 충격'과 같은 외부 충격에 대해서는 설명력이 부족했다는 점입니다. 1970년대 오일쇼크 사태에서 볼 수 있듯이, 갑작스러운 원자재 가격의 상승과 같은 공급 충격은 생산비를 급격히 상승시켜 인플레이션을 유발하면서 동시에 생산을 둔화시키기 때문에 실업률의 증가 역시 함께 유발하였습니다. 필립스 곡선의 고전적인 개념으로는 이러한 현상을 제대로 설명하기에 한계가 명확했습니다.

셋째는 정부 정책으로 실업률과 인플레이션을 지속적으로 관리하는 데에는 한계가 있었다는 점입니다. 즉 단기적으로는 금리를 낮추고 통화량을 증가시켜 일시적으로 고용을 개선하는 효과를 볼 수 있었지만 결국 시간이 흐를수록 사람들의 기대 인플레이션 심리가 강해지면서 물가만 상승하게 되고, 실업률은 근본적으로 해결되지 않은 채 본래의 자연 실업률로 돌아오게 되었던 것입니다. 이로 인해 정부의 실업률을 관리하기 위한 부양책이 반복될수록 경제적 효과는 감소하고 부작용만 남게 되는 문제가 야기되었습니다.

수정된 필립스 곡선과 경제정책의 방향성

고전적인 필립스 곡선이 나타낸 실업률과 물가상승률의 상관관계는 1970년대 이후 경제 현실과 맞지 않는다는 비판을 받게 되었고, 이에 경제학자들은 기존 이론을 수정하고 보완하기 시작했습니다. 이렇게 등장한 개념이 바로 '수정된 필립스 곡선(Modified Phillips Curve)'입니다. 수정된 필립스 곡선을 한 문장으로 요약하자면 다음과 같습니다.

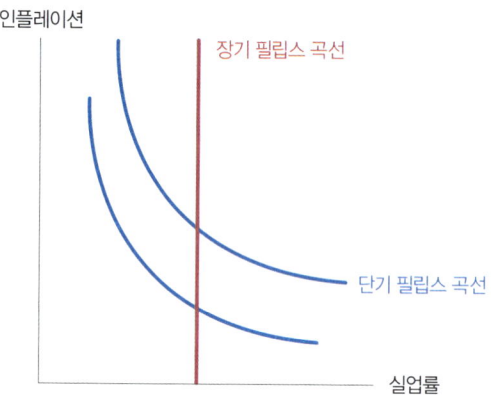

즉 장기적으로는 실업률과 인플레이션 사이에는 명확한 음의 상관관계가 존재하지 않는다는 점이 수정된 필립스 곡선의 핵심입니다. 다시 말해 단기적으로는 정부가 경제를 활성화시키고 실업률을 낮추기 위해 금리를 인하하고 돈을 푸는 정책을 사용할 수 있지만, 장기적으로 볼 때 사람들의 기대 인플레이션이 높아지며 임금 인상 요구 등으로 인해 비용이 증가함에 따라 오직 인플레이션을 높이는 결과만 초래할 뿐 결국 실업률은 다시 원래의 수준으로 복귀하게 된다는 것입니다.

수정된 필립스 곡선의 등장과 함께 중요하게 떠오른 개념이 바로 '자연 실업률' 혹은 'NAIRU(Non-Accelerating Inflation Rate of Unemployment, 인플레이션을 가속시키지 않는 실업률, 즉 물가가 안정적으로 유지되는 수준의 장기 균형 실업률)'입니다.

　자연 실업률의 개념을 좀 더 쉽게 풀어 설명하자면 결국 경제가 장기적으로 안정적인 균형을 이루기 위해서는 어느 정도 수준의 실업이 불가피하게 존재한다는 것을 의미합니다. 즉 경제가 인플레이션 압력이 없이 균형을 이루는 자연스러운 실업률을 자연 실업률 혹은 NAIRU로 정의하게 된 것입니다.

　수정된 필립스 곡선은 자연 실업률과 기대 인플레이션이라는 개념을 명확히 도입함으로써 정부와 중앙은행이 보다 현실적이고 장기적인 정책을 수립할 수 있도록 도와주었습니다. 수정된 필립스 곡선의 개념이 확산되면서 전 세계의 대부분 중앙은행들은 '인플레이션 타깃팅(Inflation Targeting)'이라는 전략을 통화정책의 핵심으로 채택하게 되었으며, 이는 현대 거시경제학에서 매우 중요한 개념으로 자리 잡게 되었습니다.

　인플레이션 타깃팅이란 중앙은행이 명확하고 공개적인 물가상승률 목표치를 설정하고 이를 달성하기 위해 금리와 같은 통화정책 수단을 적극적으로 사용하는 전략을 의미합니다. 앞서 살펴보았듯 미국 연방준비제도와 유럽중앙은행은 물가상승률 목표를 2% 수준으로 설정하고 있으며, 한국은행은 2% ±0.5% 범위의 물가상승률을 목표로 하고 있습니다. 이처럼 중앙은행이 구체적인 수치를 제시하여 경제주체들에게 명확한 기대치를 제공할 때 시장 참여자들은 향후 물가 수준에 대해 보다 정확히 예측할 수 있게 되며, 이는 기대 인플레이션을 안정화시키는 효과를 거둘 수 있습니다. 앞서 단기적으로 고용을 촉진하기 위해 금리를 인하하고 통화량을 늘리는 정책이 결국 기대 인플레이션만 높여 물가 상승을 초래할 뿐 장기적인 고용 개선 효과가 크지 않았다는 점을 기억한다면, 이러한 인플레이션 타깃팅의 도입 배경을 조금 더 쉽게 이해할 수 있습니다. 즉 장기적 경제 안정성을 위해 물가상승률을 일정 목표 내에서 관리하는 것이 중요하며, 목표치가 일관되고 구체적일수록 시장의 신뢰와 안정적 예측을 확보하는 데 도움이 되며 결과적으로는 장기적인 경제 성장과 고용 안정에 기여할 수 있게 된 것입니다.

결론적으로 수정된 필립스 곡선과 인플레이션 타깃팅 전략의 도입은 현대 거시경제학에서 매우 중요한 개념으로 자리 잡게 되었습니다. 실질적인 통화정책의 운영 방식에도 큰 변화를 가져왔을 뿐만 아니라, 중앙은행이 단기적 경기 부양 효과를 좇기보다는 장기적이고 지속 가능한 경제 안정과 성장을 추구하는 방향성을 가지게 해준 것입니다.

듀얼 맨데이트의 이해와 고용지표를 활용한 투자 전략

지금까지 살펴본 내용에 의하면, 현대의 중앙은행들은 물가 안정, 특히 기대 인플레이션의 관리에 중점을 두고 정책을 펼치고 있다는 것을 알 수 있습니다. 그렇다면 이제 고용지표의 중요성은 사라진 것일까요? 현대를 살아가는 투자자들은 고용지표에 대해 어떤 관점과 전략으로 접근하는 것이 바람직할까요?

현대 거시경제학의 정책 방향은 과거와 달리 직접적으로 실업률이나 고용지표를 관리하는 것을 우선적 목표로 하는 정책은 거의 펴지 않고 있습니다. 그 대신 기대 인플레이션을 관리하는 것을 우선적 목표로 하여 물가 안정과 함께 경제 전반의 신뢰도를 확보하고 간접적으로 고용 환경을 지원하는 전략을 펴고 있는 것입니다. 하지만 중앙은행이 실업률 등의 고용지표를 전혀 고려하지 않는 것은 아닙니다. 실제로 고용시장의 상황은 여전히 경제 전반의 건전성을 나타내는 핵심 지표 중 하나로서 충분히 의미가 있습니다. 특히 미국의 연방준비제도는 조금 특별한 목표를 설정하고 있습니다. 연준은 다른 국가의 중앙은행과는 달리 '물가 안정과 최대 고용'이라는 두 가지 목표를 동시에 추구하고 있습니다. 이를 경제학에서는 '듀얼 맨데이트(Dual Mandate)'라 부르며, 물가 안정이라는 단일 목표만을 설정하는 '싱글 맨데이트(Single Mandate)'를 채택한 다른 국가들의 중앙은행과는 차별화되는 특징을 가집니다.

듀얼 맨데이트는 물가 안정뿐만 아니라 경제의 중요한 한 축인 고용시장의 최대 잠재력을 실현하는 데에도 상당한 무게를 두고 있다는 점에서 의미가 있는 정책입니다. 듀얼 맨데이트의 운영 원리를 좀 더 깊게 이해하기 위해서는 '균형'이라는 개념을 반드시 고려해야 합니다. 우선 경제의 기본적인 안정성을 위해서는 물가가 안정적이어야 합니다. 물가가 불안정하면 소비자와 기업이 미래에 대해 정확히 예측하기 어려워지며, 기대 인플레이션이 높아져 결과적으로 경제 전반의 생산성과 투자가 저하될 수 있습니다. 하지만 듀얼 맨데이트는 단순히 물가 안정만을 목표로 삼지 않습니다. 고용시장 역시 충분히 활성화되고 최대 고용에 가까운 상태를 유지해야 한다는 목표를 가지고 있습니다. 고용시장이 너무 과열되어 실업률이 지나치게 낮을 경우—고용시장이 빡빡해질 경우(Tight Labor Market)— 기업들은 사람을 구하는 데 어려움을 겪게 됩니다. 이때 기업들은 더 높은 임금을 제시해야 노동력을 확보할 수 있으며, 이는 곧 임금 인플레이션을 불러일으키고 전반적인 물가 상승 압력으로 이어질 수 있습니다. 반대로 실업률이 지나치게 높아 고용시장이 위축되면 소비가 줄고, 결국 기업의 매출 감소와 경기 침체로 이어질 수 있습니다.

이처럼 물가와 고용은 항상 같은 방향으로 움직이지 않기 때문에 듀얼 맨데이트의 경우 중앙은행이 통화정책을 운용함에 있어 '균형'을 잡기가 보다 어려운 상황에 놓인다고 볼 수 있습니다.

구체적인 예시를 통해 듀얼 맨데이트가 겪는 딜레마 상황에 대해 살펴보도록 하겠습니다. 먼저 물가가 이미 높은 상태인데 고용시장 역시 뜨거워 실업률이 지나치게 낮은 상황을 가정해볼 수 있습니다. 이런 상황에서 연준이 금리를 올려 물가를 잡으려고 하면, 당장은 인플레이션 압력을 낮출 수 있을지 모르지만 고용시장에는 상당한 부담을 줄 가능성이 높습니다. 높은 금리로 인해 기업이 투자를 축소하거나 신규 고용을 줄이면 실업률이 증가할 위험이 있기 때문입니다. 반대의 상황도 생각해볼 수 있습니다. 물가는 비교적 안정되어 있지만 고용시장이 부진해 실업률이 높게 유지되고 있는 상황이라면 어떨까요? 이 경우 금리를 인하하여 경제를 부양하고 고용을 촉진시킬 수 있습니다. 하지만 너무 낮은 금리는 결국 소비를 자극하여 과열된 경제 환경을 만들고, 다시 인플레이션 압력을 초래할 수 있습니다. 이렇게 듀얼 맨데이트는 때때로 고용과 물가 사이에서 딜레마에 빠질 수 있으며, 여기서의 균형을 잡는 것이 연준 정책의 핵심이라고 볼 수 있습니다.

그렇다면 투자자들은 고용지표를 어떻게 이해하고 활용해야 할까요? 투자자들의 입장에서 미국의 고용지표는 듀얼 맨데이트를 채택하고 있는 연준의 통화정책 방향성을 판단하는 데 매우 중요한 지표 중 하나입니다. 미국의 고용지표를 해석하는 데에는 특히 단기 필립스 곡선의 개념을 이해하는 것이 필수적이며, 듀얼 맨데이트에서의 핵심은 '어느 쪽이 현재 경제 안정을 더 위협하고 있는가'를 확인하는 과정입니다. 예를 들어 비농업 고용, 실업률, 임금 상승률 등 미국의 주요 고용지표가 예상보다 견조하게 나타난다면, 이는 노동시장이 과열되어 인플레이션 압력이 커질 수 있다는 것을 암시합니다.

이런 상황에서는 연준이 금리 인상을 통해 경제 과열을 진정시키려는 정책적 대응을 할 가능성이 높습니다. 따라서 투자자들은 미국의 고용시장이 예상보다 견조할 때 시장 금리가 상승하고 주식 등 위험자산 시장에 부정적인 영향을 미칠 가능성을 염두에 두고 미리 대비할 수 있어야 합니다. 반대로 고용지표가 예상보다 부진하게 나타난다면 연준이 경기 부양을 위한 금리 인하 등 완화적인 통화정책을 펼 가능성이 높아집니다. 이러한 완화적 환경에서는 전반적인 투자 심리가 개선될 수 있으며, 주식과 암호화폐 등의 다양한 위험자산 시장 역시 각광을 받을 수 있습니다. 결국 현대 투자자들에게 고용지표는 결코 무시할 수 없는 중요한 경제지표 중 하나이며, 이를 이용하는 핵심은 듀얼 맨데이트를 이해하고 활용하는 능력이라 볼 수 있습니다.

다음 파트에서는 안전자산과 위험자산에 대해 다루어보도록 하겠습니다.

치과아저씨의 경제지표 특강
정책이 무력했던 시대, 1970년대 오일쇼크와 스태그플레이션

1. 세계 경제를 뒤흔든 충격, 오일쇼크

1970년대는 세계 경제사에서 매우 고통스러웠던 시기로 기록됩니다. 그리고 그 중심에는 오일쇼크와 거기서 촉발된 스태그플레이션이라는 두 가지 충격이 있었습니다. 1970년대 이전까지 대부분의 선진국들은 고도성장과 낮은 인플레이션을 동시에 누려왔습니다.

그러나 1973년 10월 제4차 중동전쟁인 욤키푸르 전쟁이 발발하며 상황은 급격히 변했습니다. 제4차 중동전쟁의 발발과 함께 석유수출국기구(OPEC)는 이스라엘을 지지하는 미국과 서방 국가들에 대해 석유 수출을 제한하는 조치를 취했습니다. 이로 인해 국제 유가는 불과 몇 개월 만에 배럴당 3달러에서 12달러로 약 4배 이상 폭등하게 됩니다. 이를 제1차 오일쇼크라고 부릅니다.

1979년 제2차 오일쇼크는 이란 혁명으로 인해 일어나게 됩니다. 이란 혁명으로 인해 세계 4위 산유국인 이란의 석유 생산이 마비되면서 유가는 다시 한번 큰 폭으로 상승했습니다. 이 시기 유가는 배럴당 15달러에서 39달러 수준까지 치솟으며, 전 세계에 또 한 번의 충격을 안겼습니다.

2. 스태그플레이션의 등장과 파급효과

스태그플레이션(Stagflation)은 침체를 뜻하는 Stagnation과 물가 상승을 뜻하는 Inflation을 합쳐서 만든 말로, 경기는 침체되고 있으나 물가가 오르는 현상을 뜻합니다. 기존의 경제 이론, 특히 정부의 적극성을 강조했던 케인스주의에서는 경기 침체가 오면 물가가 떨어지고, 경기 과열이 오면 물가는 오른다고 보았습니다. 하지만 1970년 대에는 공급 측면의 충격과 기존 정책의 무력함이 함께 나타나며 경기는 둔화되었는데 물가가 계속 상승하는 현상이 발생하였습니다.

이는 해결이 매우 어려운 문제였습니다. 물가가 올라갈 경우 통상적으로 중앙은행은 금리를 인상하여 문제를 해결해왔으나, 금리를 인상하면 경기 침체가 더욱 심화되는 문제점이 발생할 수밖에 없었습니다. 그렇다고 해서 금리를 인하하면 인플레

이션이 더욱 심해지는 결과를 낳게 되었기 때문에 결국 정책적 딜레마에 부딪힐 수밖에 없었습니다.

스태그플레이션은 대규모 실업을 불러왔으며, 소비 심리는 극도로 위축될 수밖에 없었습니다. 자산시장은 실물경제의 불확실성과 통화 가치의 하락으로 극심한 변동성을 겪었으며, 경제정책에 대한 신뢰는 땅에 떨어지게 되었습니다.

3. 스태그플레이션의 극복과 그 후의 변화

1980년대 초반, 미국 경제는 극심한 인플레이션과 이에 따른 경기 침체라는 이중의 어려움에 직면해 있었습니다. 1970년대 오일쇼크를 계기로 시작된 물가 상승은 단기간에 진정되지 않고 장기화되었고, 미국의 소비자물가지수(CPI)는 연간 기준으로 10%를 훌쩍 넘는 수준에 이르렀습니다. 당시 인플레이션은 단순한 가격 상승이 아니라, 경제주체들의 기대 심리에까지 악영향을 미쳐 '물가는 계속 오른다'는 심리가 고착화되어 있던 상태였습니다. 이런 상황에서는 정상적인 금리 인하나 단기 부양책으로는 물가 상승을 잡을 수 없는 구조적 위기에 봉착하게 됩니다.

미국 연방준비제도의 폴 볼커 의장은 경제정책의 대전환을 선언합니다. 볼커 의장은 '인플레이션과의 전면전'을 선포하고, 과감한 고금리 정책을 통해 물가 상승을 억제하고자 하였습니다. 기존의 점진적인 접근 대신 매우 공격적이고 충격적인 방식

으로 정책을 전개한 그는 기준 금리를 단기간에 두 자릿수 수준까지 대폭 인상하기 시작했습니다.

특히 1981년에는 미국의 연방기금금리가 20%에 육박하는 전례 없는 수준까지 인상되었으며, 이는 현대 통화정책 역사상 가장 급진적인 금리 인상 사례 중 하나로 기록되었습니다. 이러한 초고금리 정책은 단기적으로는 기업 투자 위축, 부동산 시장 급랭, 실업률 상승 등 심각한 경기 침체를 야기하였고, 실제로 많은 중소기업이 도산하거나 대규모 구조조정을 단행해야 했습니다. 그러나 이 정책은 중장기적으로 가장 효과적인 인플레이션 통제 수단으로 평가받게 됩니다. 소비자와 기업 모두가 더 이상 '물가는 계속 오른다'는 기대를 하지 않게 되면서 시장의 인플레이션 심리가 안정되었고, 이후 1983년 무렵부터는 물가상승률이 크게 둔화되었습니다. 동시에 미국 경제도 점차 회복세를 보이기 시작하며, 다시금 성장 궤도에 진입할 수 있게 됩니다.

전 세계 중앙은행들은 폴 볼커의 고금리 정책에서 깊은 인사이트를 얻었고, 그 후 현대 경제학에서 통화정책의 기조는 '물가 안정 우선주의'로 급선회하게 됩니다. 결국 볼커의 정책은 중앙은행 독립성의 중요성과 인플레이션 타깃팅을 강조하는 현대 통화정책의 기초를 다지는 중요한 이정표가 되었으며, 스태그플레이션의 해결은 글로벌 금융시장의 신뢰 회복과 장기적 경제 안정에도 큰 역할을 하게 되었습니다.

06

안전자산과 위험자산: 안전하다는 착각과 위험하다는 편견

안전자산과 위험자산, 어떻게 나눌까?

"금은 안전하고, 주식은 위험하다."

"역시 현금이 최고지."

"부동산은 그래도 안전하지 않겠어?"

"이 종목은 너무 변동성이 커서 무서워."

이러한 표현과 이야기들은 아마 투자자들이라면 누구든 자주 듣거나 직접 해봤을 법한 익숙한 말들입니다. 실제로 투자자들은 본능적으로 또는 배운 지식을 통해 '안전자산'과 '위험자산'을 구분하고, 이 구분에 따라 투자 전략을 다르게 세우고 있습니다.

하지만 시장은 우리가 생각하는 만큼 단순하지 않습니다. 때로는 안전하다고 믿었던 자산이 위험해질 수도 있으며, 위험하다고 생각했던 자산이 오히려 더 안전한 선택이 되는 역설적인 상황이 발생하기도 합니다. 이번 파트에서는 먼저 안전자산과 위험자산의 일반적인 개념에 대해 살펴본 후, 안전하다고만 믿었던 안전자산이 언제 위험해질 수 있는지, 그리고 위험자산을 어떻게 비교적 안전하게 다룰 수 있는지에 대해 알아볼 예정입니다. 그 과정에서 투자자들이 흔히 간과하기 쉬운 자산의 상대적인 성격과 그에 따른 투자 전략, 그리고 시장의 흐름을 정확히 읽는 투자자가 되는 방법에 대해 살펴보도록 하겠습니다.

통상적으로 안전자산이란 시장 불확실성이나 경제 위기 상황에서도 가치가 급락하지 않고, 보유에 따른 손실 가능성이 낮은 자산을 의미합니다. 높은 수익률보다는 자산 가치의 보존에 초점을 두고 있으며, 심각한 경제 불황이나 금융 위기 같은 특수한 상황에서도 상대적으로 안정성을 유지할 수 있는 자산을 의미합니다. 또한 안전자산은 시장가격이 변동하거나 자산의 실질 가치가 변동하는 상황에서도 채무불이행 위험이 거의 없는 자산을 의미합니다. 대표적인 안전자산으로는 현금,* 국채,** 금·은 등의 귀금속과 같은 자산 등을 꼽을 수 있습니다.

---

* 특히 달러와 같은 기축통화, 그리고 스위스 프랑, 일본 엔과 같은 안정적 통화일수록 안전자산이라 볼 수 있습니다.
** 특히 미국 국채처럼 신용도가 높은 국가의 채권일수록 안전자산이라 볼 수 있습니다.

미국 국채를 예로 들어보겠습니다. 미국이 파산하지 않는다면 미국 국채 10년물 상품은 10년 뒤에 확정적인 이자를 지급하게 되어 있습니다. 또 다른 안전자산의 대표주자인 금은 모든 나라에서 현금화가 쉬운 자산에 해당합니다. 특히 경제적 위기 상황이나 지정학적 리스크가 커질 때 금은 투자자들이 적극적으로 찾는 자산에 해당하기도 합니다. 또한 미국 달러를 예로 든다면, 미국 달러는 국제 결제 통화 중 약 40%를 차지하는 통화로 세계에서 가장 폭넓게 인정받는 국제 기축통화입니다. 즉 미국 달러는 어느 나라에서나 쉽게 그 나라의 돈으로 환전할 수 있으며, 현금이기 때문에 원금의 손실 가능성은 없다고 볼 수 있는 자산에 해당하므로 안전자산이라 볼 수 있는 것입니다.

반면 위험자산이란 시장 상황 변화에 따라 가치가 크게 변동하며, 손실 가능성 또한 상당히 높은 자산을 의미합니다. 즉 위험자산의 가장 핵심적인 키워드는 원금 손실 가능성이 높다는 것입니다. 하지만 위험자산은 높은 리스크를 동반하는 것만큼 기대 수익률은 높다고 볼 수 있습니다. 위험자산의 대표적인 예시로는 주식, 암호화폐, 그리고 원자재 등의 투자 상품과 신흥국 채권 등이 있습니다. 특히 주식과 암호화폐 등의 자산은 경제 환경과 시장 상황의 변화에 민감하게 반응하여 가격 변동성이 매우 크다는 특징이 있습니다. 그뿐만 아니라 원자재 시장 역시 지정학적 리스크나 수급 상황 변화에 따라 가격이 급격히 움직이는 경우가 많습니다. 부동산의 경우는 조금 더 복잡합니다. 부동산은 국가나 도시, 지역의 특성, 입지 조건, 형태에 따라 시각이 다양할 수 있기 때문입니다. 부동산을 장기적 관점에서 바라보는 경우 비교적 안정적인 자산으로도 평가할 수 있지만, 단기적으로 시장 과열이 심한 지역이나 투자자 개인이 과도한 레버리지를 활용한 경우엔 매우 위험한 자산이 될 수도 있습니다. 즉 위험자산이란 명확한 손실 가능성을 가지고 있는 동시에 투자 환경과 조건에 따라 매력적인 기대 수익률을 보여줄 수 있는 자산군에 해당합니다.

하지만 반드시 기억해야 할 중요한 사실이 있습니다. 그것은 바로 '안전자산'과 '위험자산'이라는 구분도 절대적인 개념이 아닐 수 있으며, 상대적이고 유동적으로 변화할 수 있다는 것입니다. 경제 상황, 투자자의 시야 및 보유 기간, 그리고 시장의 변동성에 따라 안전자산도 위험해질 수 있고, 위험자산도 안전해질 수 있습니다. 예를 들어 금의 경우 경제가 불안정한 위기 상황에서는 많은 투자자들이 몰리며 가격이 상승하는 안전자산으로 평가되지만, 경제가 회복 국면에 접어들어 금리가 오르고 달러가 강세를 보이면 금값이 크게 하락하는 경우도 있습니다. 즉 같은 금이라고 하더라도 거시경제 환경의 변화와 시기에 따라 항상 안전하지만은 않을 수 있는 것입니다.

또 다른 예로 주식시장을 살펴보겠습니다. 일반적으로 주식은 대표적인 위험자산으로 분류됩니다. 하지만 S&P500과 같은 주요

지수를 장기적으로 살펴본다면, 단기 변동성에도 불구하고 지속적으로 우상향하는 경향을 관찰할 수 있습니다. 이 경우 장기적인 시각에서는 오히려 안정적인 자산으로 평가될 수도 있는 것입니다. 이처럼 안전자산과 위험자산을 딱 잘라서 구분하기엔 너무나 많은 변수들이 존재하며 투자 기간과 투자자의 시야, 그리고 경제 환경과 시장의 변수에 따라 동일한 자산도 '안전'과 '위험' 사이를 유동적으로 넘나들 수 있는 것입니다.

'안전자산'이라는 이름의 환상

투자자들이 자산을 평가하거나 분류할 때, 언제나 객관적이고 합리적인 기준을 따르는 것은 아닙니다. 오히려 상당수의 투자자들은 감정적이고 심리적인 기준에 더 강하게 의존하는 경향이 있습니다. 대표적인 예가 바로 우리가 흔히 접할 수 있는 '금은 안전하다', '부동산은 절대 불패다', '현금은 항상 최고다'와 같은 믿음입니다. 이러한 믿음은 숫자나 데이터와 같은 객관적 사실보다는 해당 자산이 가지고 있는 이미지나 투자자 자신들의 경험에서 비롯된 심리적 편견에서 출발하는 경우가 많습니다. 하지만 우리가 가지고 있는 안전자산에 대한 믿음이 과연 항상 객관적인 것이었을까요? 과연 '안전자산'으로 불리는 자산들이 실제로는 정말 안전했을까요? 투자자들이 안전자산이라고 믿고 있는 자산들이 실제 투자 환경에서 그 이름대로 안정성을 보장하는지 냉정히 살펴볼 필요가 있겠습니다.

금은 정말 항상 안전했는가?

먼저 많은 투자자들이 경제 위기 상황의 대표적인 안전자산으로 믿어왔던 '금'을 살펴보겠습니다. 전통적으로 금은 세계 시장의 불안정성이나 위기가 찾아올 때 빛을 발하는 안전자산에 해당합니다. 그러나 과연 금은 투자자들의 믿음만큼 항상 가치가 안정적으로 유지되었을까요? 실제로 금 가격의 역사를 살펴보면 꼭 그렇지만은 않다는 사실을 발견할 수 있습니다. 예를 들어 금 가격은 2012년 9월 온스당 1776달러라는 높은 가격을 기록했습니다.

■ 국제 금 현물 시세

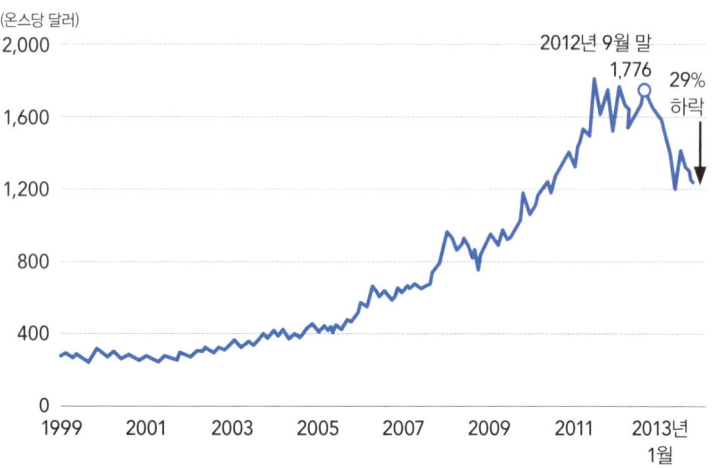

자료: 로이터, LMBA

2008년 글로벌 금융 위기 이후 주요국 중앙은행들은 적극적인 양적 완화 정책을 시행하였습니다. 이러한 양적 완화 정책은 인플레이션 우려와 실물 화폐 가치의 하락 우려를 불러왔으며, 많은 투자자들이 안전자산인 금을 매수하는 경향이 나타난 것입니다. 그 결과 2011년 하반기부터 2012년 초반까지 금 가격은 매우 높은 수준을 유지해왔으나, 이후 연준의 양적 긴축 전망이 나타나며 금 가격은 불과 몇 달 뒤인 2013년 1월, 연초 대비 무려 29%나 폭락하였습니다. 투자자들에게 금이라는 자산 역시 시장 환경에 따라 심각한 가격 변동성을 보일 수 있다는 중요한 교훈을 남기는 사례라 할 수 있습니다. 특히 금은 금리가 상승하는 시기나 달러 강세 환경에서 가격이 크게 하락하는 경향이 있습니다. 즉 금리 인상기와 달러 강세라는 거시경제 환경 변화가 금이라는 '안전자산'을 단기간에 '위험자산'의 모습으로 변모시킬 수 있다는 점을 반드시 기억해야 하겠습니다.

부동산 역시 정말 불패였는가?

다음으로 흔히 '부동산 불패 신화'라는 말이 있을 정도로 안정성과 장기 우상향 경향을 보이는 부동산 시장에 대해 살펴보겠습니다. 부동산은 종류에 따라 다르지만 토지나 주택의 경우 유한한 자원이기에 장기적 투자처로 여겨지며 비교적 안전한 자산이라는 인식이 강합니다. 하지만 일본 부동산 시장의 사례를 보면, 이러한 믿음이 언제나 현실과 일치하는 것은 아니라는 점을 쉽게 확인할 수 있습니다. 일본 주택가격지수는 1913년부터 1990년까지 약 31배나 급격히 상승했습니다. 당시 일본 경제는 앞서 살펴보았듯 부동산을 중심으로 심각하게 내수 경제가 과열된 시기였습니다. 그러나 이후 거품이 붕괴되며 주택가격지수는 약 25년간 50% 이상 급락하게 됩니다. 일본의 부동산 시장 사례는 부동산 역시 지나

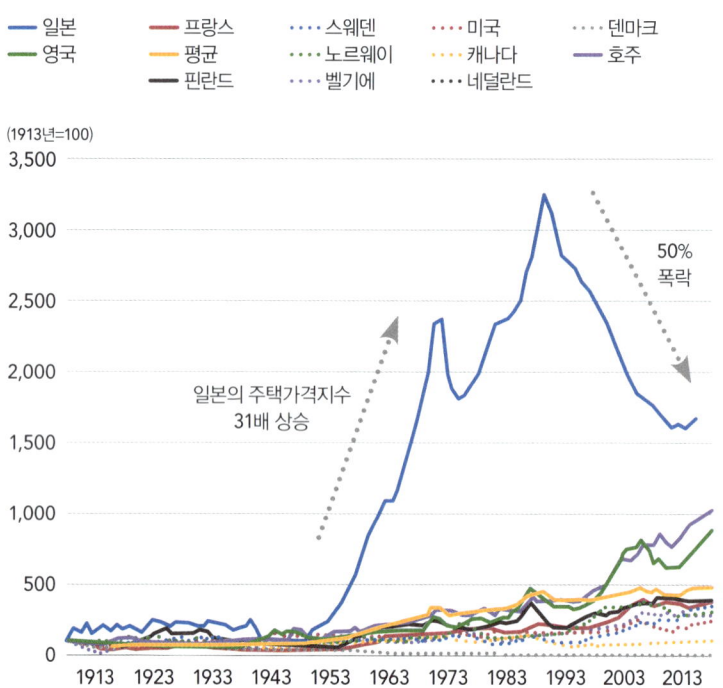

■ 세계 주요국의 실질 주택 가격 추이

자료: 카타리나 크놀 외(2017)

치게 과열된 상황에서는 심각한 손실을 가져올 수 있다는 점을 분명히 보여줍니다.

그뿐만 아니라 2008년 미국의 서브프라임 모기지 사태 역시 부동산이 지나친 신용 확장과 결합될 경우 얼마나 큰 위기를 초래할 수 있는지를 보여준 사례였습니다. 결국 부동산이라는 자산 역시 무조건적으로 안정적이지 않으며, 시장 환경과 금융 조건에 따라 매우 위험한 투자처로 돌변할 수 있습니다.

현금도 안전하지 않을 수 있다

마지막으로 현금에 대해 살펴보도록 하겠습니다. 현금은 손실 가능성이 어떻게 보면 없다고도 할 수 있는 대표적인 안전자산입니다. 그러나 심각한 인플레이션 환경에서는 현금 역시 위험한 자산이 될 수 있습니다. 극단적인 경우입니다만 짐바브웨의 예시를 들 수 있습니다. 짐바브웨 정부는 2000년대 초반부터 과도한 화폐 발행과 잘못된 경제정책, 토지 개혁 실패로 인해 경제 위기를 겪기 시작했습니다. 이후 짐바브웨는 2007년부터 2009년까지 역사상 최악의 하이퍼인플레이션*을 겪었는데, 이로 인해 현금의 가치가

---

* 하이퍼인플레이션(Hyperinflation): 물가상승률이 통제할 수 없을 정도로 극단적으로 높아져 화폐의 가치가 급격히 하락하는 현상. 하이퍼인플레이션 시기에는 화폐의 가치가 너무 빠르게 떨어져서 지폐가 더 이상 '돈'으로서의 기능을 상실하는 상태가 도래합니다. 유명한 사례로는 1차 세계대전 직후의 독일, 2008년 짐바브웨, 그리고 베이루트 폭발사고와 코로나19 이후 레바논 등의 사례가 있습니다.

사실상 휴지조각 수준으로 급격히 떨어졌습니다. 2008년 11월에는 월간 물가상승률이 무려 796억 %를 기록할 정도였으며, 짐바브웨 정부는 1000억 짐바브웨 달러짜리 지폐를 발행했으나 이 돈으로 구입할 수 있는 것은 겨우 빵 몇 덩이에 불과했습니다. 2007년 초, 빵 한덩이의 가격이 약 1000짐바브웨 달러였다는 점을 떠올려 본다면 이러한 짐바브웨의 사례는 '현금도 언제든 위험자산으로 변모할 수 있다'는 중요한 교훈을 주는 사례라 할 수 있겠습니다. 극단적인 인플레이션 환경에서는 현금이라는 자산 역시도 큰 리스크로 작용할 수 있으며, 장기적 관점에서 자산을 단순히 현금 형태로 보유하는 것은 어쩌면 위험한 선택일 수도 있습니다. 결국 문제는 '특정 자산'이 아니라 그 자산을 바라보는 '심리', 그리고 전반적으로 경제가 돌아가는 양상을 파악하는 것이 문제일 수 있습니다.

위험자산이 숨기고 있는 기회

모든 투자자들의 목표는 높은 수익률일 것입니다. 정확하게 말한다면 '원금 손실 가능성을 최소화하는, 안전하면서도 높은 수익률'일 것입니다. 실제로 투자자들은 위험자산이 안전자산보다 더 높은 수익을 제공한다는 사실을 인지하고 있습니다. 미국 자본시장의 역사적 데이터를 살펴보면 '위험자산'이 장기적으로 가장 강력한 수익을 안겨준 자산군이라는 사실이 명확히 드러납니다.

■ 미국 주식·채권·단기국채·금·달러의 실질 수익률 비교, 1802-2012

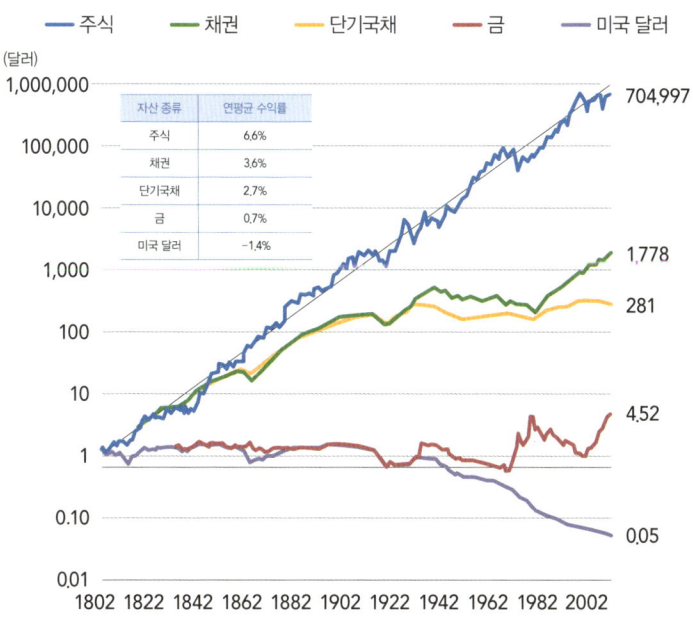

위 그림은 약 200년간의 자산시장 흐름을 정리한 모식도입니다. 미국 자본시장의 장기 데이터를 기준으로 분석한 결과, '위험자산'이라고 분류되는 자산군이 장기적으로는 가장 강력한 수익률을 제공해왔음을 부정할 수 없습니다. 미국 주식의 경우 장기적 데이터를 기준으로 분석했을 때 연평균 6.6%의 가장 높은 수익률을 기록하였으며, 채권(Bonds)은 약 3.6%, 단기국채(Bills)의 경우 약 2.7%의 수익률을 보였습니다. 국채의 경우 주식보다 상대적으로 그래프가 안정적이나 수익률은 낮았습니다. 전통적 안전자산인 금의 경우 장기적으로 가치를 지킬 수는 있었으나 실질 수익률은 0.7%로 낮았습니다. 현금의 경우 물가 상승에 의해 지속적으로 구매력이 하락하며 장기적으로는 실질 가치마저도 지키지 못한 채 연 1.4%의 하락을 기록하였습니다.

이렇듯 수익률 면에서 위험자산이 장기적으로 우위에 있음은 분명하지만, 문제는 언제나 '위험자산이 동반하는 손실의 가능성' 입니다. 사람들은 특히 단기적인 손실에 매우 민감하게 반응합니다. 시장이 하락할 때 경험하는 마이너스 수익률은 그 숫자 이상의 심리적 타격을 주며, 이는 투자자들의 판단력을 흐리고 불필요한 패닉셀을 유도할 수 있습니다. 즉 위험자산의 가장 큰 리스크는 어쩌면 '자산 자체의 속성'이라기보다는, 그 자산을 잘못된 시점에 진입하거나 비이성적인 판단으로 이탈했을 때 발생하는 투자자들의 집단적인 행동이라고 볼 수도 있습니다. 결국 위험자산의 투자에 있어 핵심은 '언제 들어가고 언제 나올 것인가', 즉 시장의 진입 타이밍과 탈출 시기가 될 것입니다. 투자자들은 시장 내에서 '위험자산 선호 국면'이 언제 나타나는지 이해하고 그 흐름에 적절한 타이밍과 종목 선정, 그리고 리스크를 최소화하는 비중 조절을 통해 내 포트폴리오에서 위험자산과 안전자산의 비중을 조절해나가며 진입해야 하겠습니다.

그렇다면 어떤 조건이 충족되었을 때 시장이 '위험자산 선호 국면'으로 접어들게 될까요?

먼저 금리가 낮거나 금리 인하 사이클에 시장이 놓여 있는 경우입니다. 이 경우 시장에는 비교적 자금이 풍부한 상태, 혹은 풍부해질 것이라 기대하는 상태라고 볼 수 있습니다. 안전자산 시장에서 충분한 수익을 기대하기 어렵다고 느낀 투자자들은 자연스럽게 풍부한 여유 자금을 활용하여 주식, 부동산, 원자재, 암호화폐와 같은 위험자산 투자를 고려하게 됩니다. 이는 자산 가격의 상승과 함께 전반적인 투자 심리 개선으로 이어지는 경향이 있습니다.

다음으로 인플레이션이 안정되었거나 낮게 유지될 때입니다. 물가가 일정 수준에서 잘 조절될 경우 중앙은행은 금리를 급하게 올릴 이유가 줄어들고, 시장은 이를 '안정적인 성장 환경'이라고 해석하게 됩니다. 금리 인상에 대한 부담이 줄어들게 되면 기업 실적과 소비 여력에 대한 기대가 형성되며, 시장에는 보다 위험을 감수하더라도 높은 수익률을 추구하고자 하는 기조가 생기게 됩니다. 이 경우에도 시장은 위험자산 선호 국면으로 접어들었다고 볼 수 있습니다.

마지막으로 한국 증시 투자자들의 경우 환율이 안정되거나 원화 강세가 나타나는 시점도 주목할 필요가 있습니다. 외국인 자금의 유입과 유출은 한국 증시의 상승과 하락에 큰 영향을 주는 변수이며, 특히 외화 환산 수익률 측면에서 환율이 안정되었다는 신호는 외국인 투자자들의 신흥국 자산 선호에 긍정적으로 작용합니다. 국내 주식을 비롯한 신흥국 자산들이 상대적 저평가와 높은 수익 가능성을 이유로 선택받기 쉬운 환경이 만들어지는 것입니다.

하지만 기억해야 할 것은 시장이 위험을 감수하려는 시기일수록 오히려 투자자는 더 냉정해져야 한다는 사실입니다. 위험자산의 유행은 자산 가격의 과도한 상승을 불러오고, 그 끝은 자산의 버블로 이어지기 마련입니다. 그리고 버블의 끝에는 언제나 물가 상승과 금리 인상이라는 압박이 따라오며, 다시 시장은 긴축 국면으로 전환되고 자산의 조정이 발생하게 됩니다. 시장은 언제나 돌고 도는 순환 구조를 가지고 있으며, 투자자들은 '위험자산 선호'와 '안전자산 선호'를 반복하게 됩니다. 이러한 흐름을 읽고 미리 대비하는 태도가 투자자들에게는 가장 중요한 덕목일 것입니다.

진짜 안전한 포트폴리오란?

그렇다면 투자자들이 어떻게 자산 포트폴리오를 구축해야 하는지, 진짜 안전한 포트폴리오란 무엇인지에 대해 살펴보도록 하겠습니다. 아마 대부분의 투자자들은 포트폴리오를 구성할 때 '안전자산'과 '위험자산'을 적정 비율로 나누어 배분하는 것이 바람직하다는 일반적인 원칙까지는 이미 잘 알고 있을 것입니다. 하지만 이 원칙은 어디까지나 시작에 불과합니다. 앞서 살펴본 것처럼 '안전자산'은 절대적으로 안전하지 않을 수 있으며, '위험자산'은 적절한 시기와 전략만 갖추어진다면 오히려 큰 기회를 제공해줄 수 있는 자산이 되기도 합니다. 흔히 생각하는 안정적인 포트폴리오라고 하면 단순히 가격의 변동이 적고 변동성이 낮은 자산군으로만 구성된 포트폴리오를 떠올리는 경우가 많습니다. 하지만 이러한 변동성이 낮은 자산들은 심리적 안도감만 줄 뿐 잠재적인 위험을 완전히 없애주는 것은 아닙니다.

포트폴리오 구성에서 가장 핵심이 되는 개념 중 하나는 '자산 간의 상관관계'입니다. 자산 간의 상관관계를 고려하지 않은 단순한 분산은 외부 변수에 대해 사실상 방어력이 취약하다고 볼 수 있습니다. 예를 들어 주식과 채권은 금리가 안정적인 시기에는 서로 반대 방향으로 움직이며 위험을 상쇄하는 효과가 있습니다. 그러나 2022년과 같이 금리가 급격히 상승하고, 인플레이션이 장기화된 시기에는 주식과 채권이 동시에 하락하는 상황도 얼마든지 발생할 수 있습니다.

2022년의 주식, 채권 동반 하락에 대해 조금 더 살펴보도록 하겠습니다. 2020년 COVID 팬데믹 이후, 미국 연준은 기록적인 양적 완화로 경기 부양을 시도하였습니다. 이 양적 완화의 후유증으로 2022년 6월 미국 소비자물가지수는 9.1%로 정점을 찍었으며, 연준은 1980년대 이후 가장 공격적인 금리 인상을 단행했습니다. '자이언트스텝'이라 불리는 0.75% 포인트 인상을 연속적으로 단행하였으며, 이에 따라 미국 주식과 미국 채권 모두 적어도 10% 이상의 하락을 기록하며 전통적 분산 전략의 실패 사례로 남게 되었습니다.

또한 자산군 간의 성격 차이도 중요합니다. 예를 들어 부동산은 종류에 따라 차이가 있지만 일반적으로 가격이 급락하는 일이 적고 비교적 안정적인 수익을 기대할 수 있는 자산에 해당합니다. 하지만 부동산은 유동성이 낮아 빠르게 현금화하기 어렵다는 리스크 역시 가지고 있습니다. 반대로 주식, 암호화폐 등의 자산은 유동성이 크고 빠르게 거래가 가능하기 때문에 현금화가 쉬우며 이는 부동산과 대비되는 특성을 가지고 있다고 볼 수 있습니다. 따라서 이러한 성격 차이 역시 포트폴리오를 구성할 때 활용할 수 있으며, 한 자산군이 위축될 때 다른 자산군이 버팀목 역할을 해줄 수 있는 상호 보완적 구조를 설계할 수 있게 됩니다.

■ 미국 물가상승률

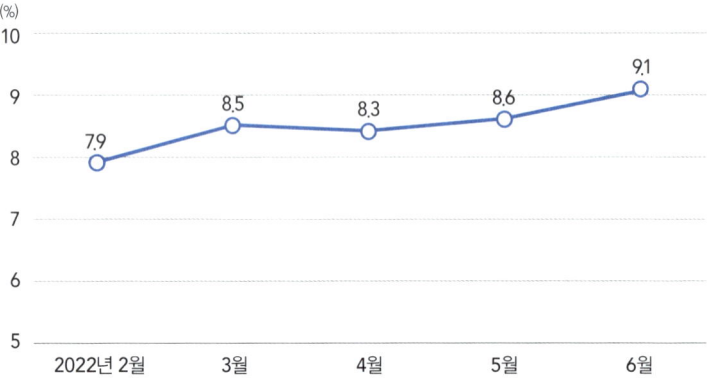

주: 전년 동기 대비 CPI 기준
자료: 미 노동부

같은 자산군 내에서도 세분화해서 들어가면 상관관계가 존재합니다. 예를 들어 '주식'이라는 자산군도 그 안을 들여다보면 매우 다양한 성격을 지닌 종목들로 구성되어 있으며, 각기 다른 특징을 가지고 있습니다. 자동차, 철강, 반도체 등의 경기민감주 섹터의 경우 경기 흐름에 따라 실적과 주가가 크게 변동하는 경향이 있습니다.

반면 식품, 생필품, 제약 등의 필수소비재 섹터의 경우는 경기에 상관없이 꾸준한 수요가 있기에 변동성이 비교적 작고 방어적인 성격을 띱니다. 또한 통상적으로 주식시장에는 금리가 높은 것이 악재로 작용하는 경우가 많지만, 은행이나 보험과 같은 금융주들의 경우 금리가 상승할 때 오히려 강세를 보이는 경우도 있습니다. 이처럼 상관관계를 분석하여 같은 방향으로 움직이는 자산을 피하고 상호 보완적인 구조를 가진 포트폴리오를 짜는 것이 포트폴리오 구성의 첫 번째 핵심 요소입니다.

두 번째로 반드시 고려해야 할 요소는 '리스크의 통제'입니다. 투자자들에게 리스크란 결코 완전히 제거할 수 없는 요소이며, 오히려 평생 동안 함께 가야 할 동반자 같은 존재입니다. 하지만 '위험하다'는 감정은 대체로 막연합니다. 그렇기 때문에 투자에서의 리스크 역시 많은 투자자들이 과대평가하거나 혹은 과소평가하는 경우가 많이 있습니다. 시장에 활기가 돌면 위험 요소들이 잘 보이지 않으며, 모든 자산이 상승하는 듯한 착시 속에서 리스크는 잊

합니다. 반면 시장이 급락하거나 뉴스가 악재로 가득 찬 공포 분위기의 시장에서는 아주 작은 조정조차도 위기로 느껴지는 경우가 많으며 리스크는 과대평가될 수 있습니다. 즉 리스크는 객관적인 수치보다도 투자자들의 심리 상태에 따라 왜곡되어 인식되는 경우가 많습니다.

따라서 투자자들은 객관적이지 못한 리스크를 최대한 객관적으로 만들어서 통제하려는 노력을 꾸준히 할 필요가 있습니다. 예를 들어 각 자산의 변동성을 체크하고, 평균 낙폭을 분석하여 자신이 감당 가능한 최대 낙폭(MDD[*])을 정해두는 것도 방법이 될 수 있습니다. 각 종목별로 손절가(Stop Loss)를 확실히 정해두고, 비중을 전체 포트폴리오 내에서 특정 비율 이하로 유지하는 것도 리스크의 중요한 통제 방법 중 하나입니다. 이는 단순히 손실을 줄이기 위함을 넘어 심리적으로 흔들리지 않고 일관된 투자를 이어나가기 위한 장치가 됩니다.

더불어 과거의 거시경제 이슈와 시장의 흐름을 공부해 두는 것은 언제나 중요합니다. 코로나19로 인한 전 세계의 충격과 그 이후의 회복 과정은 현대 거시경제학에 또 다른 한 획을 그었을 것이며, 러시아-우크라이나 전쟁은 전쟁이 발발했을 때 시장이 어떻게 움직이는지 공부할 수 있는 좋은 기회였을 수 있습니다. 투자자들

---

[*] MDD(Max Drawdown): 투자 기간 중 최고점 대비 최저점까지 자산 가치가 얼마나 하락했는지를 백분율로 나타낸 것.

은 이러한 수많은 다양한 이슈들이 언제 어디서든 또다시 반복될 수 있음을 반드시 알아둘 필요가 있습니다.

마지막으로 포트폴리오 구성에서 가장 본질적이고 중요한 요소는 결국 '자신만의 기준'을 세우는 것입니다. 남들이 말하는 정답이 아닌, 본인의 자금 규모, 투자 기간, 감당 가능한 리스크 수준을 토대로 한 기준입니다. 예를 들어 나는 하루에 5%의 손실을 보는 것이 잠을 못 이룰 정도로 너무나 쓰라리다면, 그만큼 포트폴리오의 리스크 노출을 줄여야 하며 수익률이 다소 낮더라도 심리적으로 안정적인 구조를 선택하는 것이 더 현명한 전략일 수 있습니다.

반대로 장기적으로 10년 이상 자금을 운용할 수 있다면, 단기 변동성에 크게 개의치 않고 보다 위험을 감내하는 구조로 포트폴리오를 설계하는 것도 가능합니다. 이 기준은 고정된 것이 아니라 시장 변화, 자산 규모의 증감, 투자자의 삶의 단계에 따라 유연하게 변화해야 합니다. 그러나 그 기준의 핵심 철학만큼은 명확하게 유지되어야 하며, 언제 어떤 상황에서도 그 철학에 따라 대응할 수 있어야 합니다.

결국 진짜 '안전한 포트폴리오'란 가격 변동이 적은 구조를 말하는 것이 아니라, 경제 환경 변화 속에서도 심리적 안정과 전략적 일관성을 유지할 수 있는 구조를 말합니다. 상관관계를 고려한 자산 구성, 리스크를 객관화하고 통제하는 시스템, 그리고 나만의 기준이 세워진 투자 전략이야말로 진정한 의미에서의 안전한 포트폴리오를 만들어주는 핵심 열쇠가 될 것입니다.

치과아저씨의 경제지표 특강
사례로 보는
금 가격 변동과 경제의 관계

역사적으로 금은 화폐 그 자체로도 기능했으며, 투자 자산으로서도 가장 중요한 역할을 해왔습니다. 이는 금이 현시점 자산 시가총액 압도적 1위라는 결과로도 입증되는 사실입니다. 하지만 안전자산의 대표주자인 금도 완만히 우상향하기만 했던 것은 아닙니다. 대표적인 금과 관련된 사건들과 그 영향을 정리해보면 다음과 같습니다.

1. 1971년 닉슨 쇼크: 금본위제 폐지
1971년 8월 미국 닉슨 대통령이 달러와 금의 상호 교환 의무를 없애면서 금본위제가 붕괴된 사건입니다. 금본위제하에서는 통화량이 금의 보유량에 제한되었기 때문에 경제 성장에 제약을 주었고, 이를 해결하기 위해 금과의 연계를 끊고 자유롭게 통화를 발행할 수 있는 시스템으로 전환된 것입니다. 이로써 달러는 더 이상 금 없이도 채권이라는 형태로 발행될 수 있게 되었고, 금은 통화가 아닌 자산의 하나로 시장에서 자유 변동하게 되었습니다. 금본위제 폐지 직후 온스당 35달러 수준이었던 금 가격은 1970년대 높은 인플레이션과 맞물려 폭등하기 시작했습니다. 1973년 달러 대비 금의 공식 가격이 온스당 42달러로 상승한 뒤 시장가격은 그 이상으로 치솟았고, 1970년대 말 오일쇼크와 스태그플레이션 속에서 1980년 초 금 가격은 온스당 약 850달러에 이르러 당시로서는 사상 최고치를 기록했습니다.

2. 2008년 글로벌 금융위기
미국 서브프라임 모기지 사태로 촉발된 2008년 금융위기는 현대 금융사에서 가장 심각했던 위기로 꼽힙니다. 주가와 부동산 가격 폭락, 대형 금융기관 파산 등으로 투자자들의 불안이 극도로 높아지자 안전자산인 금에 대한 수요가 폭증했습니다. 2007년 초 온스당 약 650~700달러 수준이던 금은 위기 진행 중 급등하여 2008년 3월 한때 1000달러를 돌파했고, 위기 여파로 각국 중앙은행들이 대대적 금융 완화에 나선 이후에도 금 강세는 지속되어 2011년에는 온스당 약 1900달러로 사상 최고가를 경신했습니다. 이 기간 금 ETF 등 투자수단이 확산된 영향도 있어 단기간에 많은 자금이 금으로 유입되었고, 중앙은행들도 달러 자산 위험을 회피하기 위해 금을 매수하였습니다. 금융위기의 교훈으로 중앙은행들은 준비자산 포트폴리오에 금 비중을 늘리기 시작했고, 이러한 추세는 이후에도 꾸준히 지속되고 있습니다.

3. 최근의 인플레이션과 금(2022~2025년)

팬데믹 이후 글로벌 공급망 붕괴와 통화 팽창의 영향으로 2022년부터 전 세계 물가 상승률이 수십 년 만에 최고 수준으로 치솟았습니다. 미국의 연간 소비자물가상승률이 한때 9%를 넘어서고 유럽도 에너지 쇼크로 물가 급등을 경험했습니다. 이를 억제하기 위해 미 연준을 비롯한 주요 중앙은행들이 급격한 금리 인상을 단행하면서 경기 침체 우려와 금융시장의 변동성이 다시 커졌습니다. 이 국면에서 금 가격은 복합적인 움직임을 보였는데, 2022년 초 러시아-우크라이나 전쟁 발발 직후 지정학적 불안과 인플레이션 헤지 수요로 온스당 2050달러 부근까지 급등했다가, 이후 연준의 가파른 긴축으로 달러가 강세를 보이며 한때 1600달러대 중반까지 크게 하락하기도 했습니다.

그러나 높은 인플레이션 지속과 경기 침체 가능성이 완전히 해소되지 않자 금 가격은 2023년 들어 다시 상승세를 타며 2000달러 선을 회복했습니다. 특히 2023년에는 미국 지역은행들의 연쇄 파산 사태 등이 발생하자 2008년 금융위기에 대한 공포가 학습된 투자자들의 안전자산 선호 현상으로 금 가격이 다시 온스당 2050달러를 넘어서며 사상 최고치 수준에 근접했습니다. 한편 여러 신흥국 중앙은행들이 2022~2023년에 걸쳐 사상 최대 규모의 금을 매입하며 시장에 보이지 않는 손 역할을 한 점도 가격에 지지력을 보탰습니다.

정리하면, 2020년대 초반의 높은 인플레이션과 지정학적 불안 속에서 금 가격은 전고점 부근에서 강세를 유지하였습니다. 강력한 금리 인상으로 인해 달러의 가치도 가파르게 상승했지만, 투자자들의 안전자산 선호 현상 심리가 작용하며 금의 선호도는 금리 인상기에도 꾸준히 높았고, 이는 금이 여전히 가장 강력한 안전자산임을 보여주는 사례라 할 수 있습니다.

최근 비트코인이 금을 대체할 안전자산이 될 수 있을지에 대한 논의가 활발히 이루어지고 있습니다. 비트코인은 발행 총량이 2100만 개로 한정되어 있고, 중앙기관의 통제를 받지 않는 탈중앙화 통화라는 특징을 지니고 있어, 금과 유사한 희소성 및 가치 저장 기능을 제공합니다. 이러한 특성으로 인해 비트코인은 점차 '디지털 골드(Digital Gold)'로 불리며, 금을 대체할 가능성에 대한 주장이 제기되고 있습니다. 게다가 비트코인은 금보다 거래나 송금, 환전의 편의성이 우월하며, 블록체인 기반으로 보안성도 뛰어납니다. 또한 거래 및 보유 시 익명성이 보장되기 때문에 일부 투자자들은 비트코인을 금보다 더 나은 안전자산으로 보고 있습니다.

최근 미국에서 비트코인의 현물 ETF가 승인되면서 기관 투자자들이 기존의 우회 경로가 아닌 정식 방법으로 투자가 가능해진 점도 주목할 만한 변화입니다. 하지만 비트코인은 가격 변동성이 매우 크고, 자산으로서의 역사가 짧다는 점에서 여전히 금과 비교할 때 안정성에서는 뒤처진다는 평가를 받습니다. 따라서 비트코인이 금처

■ 2025년 6월 전 세계 자산 시가총액 상위 10개

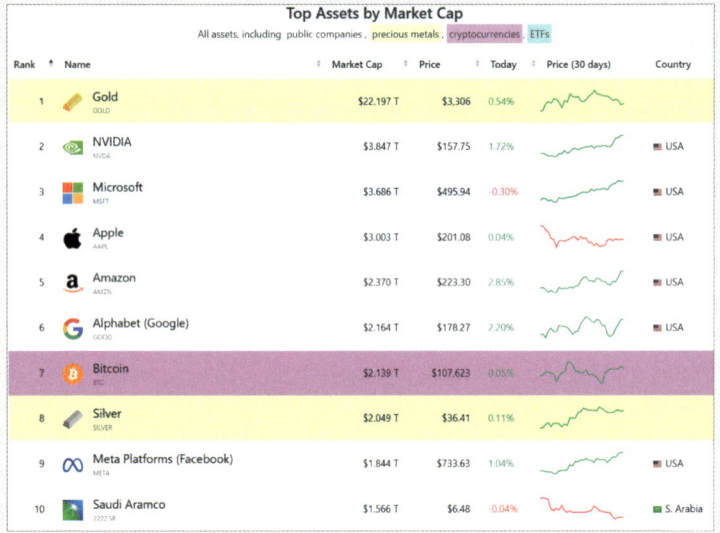

자료: Companiesmarketcap.com

럼 완전한 안전자산으로 자리 잡기까지는 시간과 제도적 성숙이 필요하다는 신중론도 여전히 우세합니다. 그럼에도 불구하고 비트코인은 기술적인 측면에서 많은 장점을 지니고 있어, 시간이 지나면서 투자자들의 경험이 쌓이고 제도적 뒷받침이 이루어지면 비트코인이 안전자산으로 인정받을 가능성도 충분히 존재한다고 생각됩니다.

원자재: 거시경제의 선행자

투자에서도 빼놓을 수 없는 원자재

"휘발유 1700원 넘었는데… 유류세 인하폭 유지에 물가 상승 압력 ↑"

"밥상물가 '초비상?'… 커피·밀 등 원자재 가격 폭등으로 프랜차이즈 가격 도미노 인상"

투자자이기 이전에 대한민국 국민으로 살아가는 독자분들이라면 이러한 뉴스는 꽤 자주 접할 수 있었을 것입니다. 특히 최근 몇 년간 러시아-우크라이나 전쟁, 중동 지역의 분쟁과 무력 충돌, 그리고 기상이변까지 겹치면서 원자재 시장은 그야말로 널뛰기를 반복하고 있습니다.

실제로 금·구리·원유와 같은 원자재들은 거시경제의 움직임을 가장 예민하게 포착하는 선행지표이자, 실물경제의 '체온'을 잴 수 있는 자산들이라고도 볼 수 있습니다. 즉 중앙은행이 금리를 인상하기도 전에, 기업이 실적을 발표하기도 전에 원자재 가격의 추이를 통해 이미 시장은 반응하기 시작하는 것입니다. 그만큼 원자재는 시장이 앞으로 어떻게 흘러갈지를 알려주는 '선행자'라고 볼 수 있으며, 투자자라면 원자재 가격의 움직임을 단순히 올랐다, 내렸다를 인지하는 수준을 넘어서서 시장의 기류를 읽는 데 활용할 수 있는 힌트로 삼아야 합니다.

원유: 현대 경제를 움직이는 산업의 혈액

원유는 '검은 황금'이라는 별명처럼 어쩌면 세계 경제의 가장 강력한 원인변수라고 해도 과언이 아닐 정도로 중요한 원자재입니다. 원유는 연료 그 자체를 넘어 우리가 사 먹는 음식부터 입는 옷, 쓰는 플라스틱, 움직이는 운송수단에 이르기까지 모든 산업의 '시동 열쇠'라고 볼 수 있기 때문입니다. 실제로 투자자가 아니더라도 지정학적 이슈 한 줄에 유가가 요동치고, 유가가 꿈틀거릴 때 전 세계 물가가 흔들렸던 경험들은 충분히 있으실 것이라고 생각합니다.

원유에 대해 조금 더 자세히 알아보겠습니다. 원유는 지하에 매장된 석유를 정제하지 않은 천연 상태로 추출한 액체 탄화수소

■ 원유의 분별증류†에 따른 석유 제품

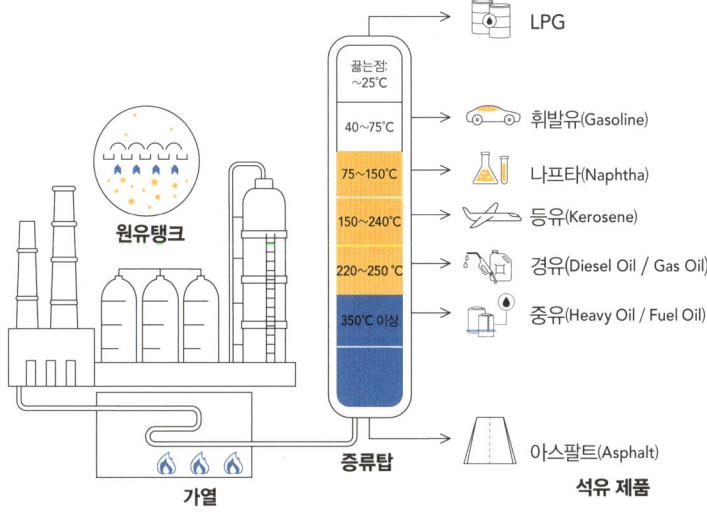

† 분별증류(fractional distillation, 分別蒸溜): 서로 잘 섞여 있는 액체 혼합물을 끓는점 차이를 이용하여 분리하는 방법.

로, 대표적인 화석연료입니다. 원유는 주로 정제를 거쳐 휘발유·경유·등유 등으로 분리되어 연료로 쓰이며, 항공기 제트유부터 난방용 연료유까지 생활·운송·발전 에너지의 근간을 이루고 있습니다. 또한 플라스틱, 화학섬유, 비료, 의약품 등의 석유화학 제품의 원료로도 쓰이는 등 우리 생활 곳곳에 스며들어 있습니다.

세계 원유 소비량은 하루 약 1억 배럴*(한화 약 9조 원) 수준으

* 1배럴(bbl): 약 158,987리터, 즉 약 159리터입니다. 원유 거래에서 사용되는 국제 표준 단위입니다.

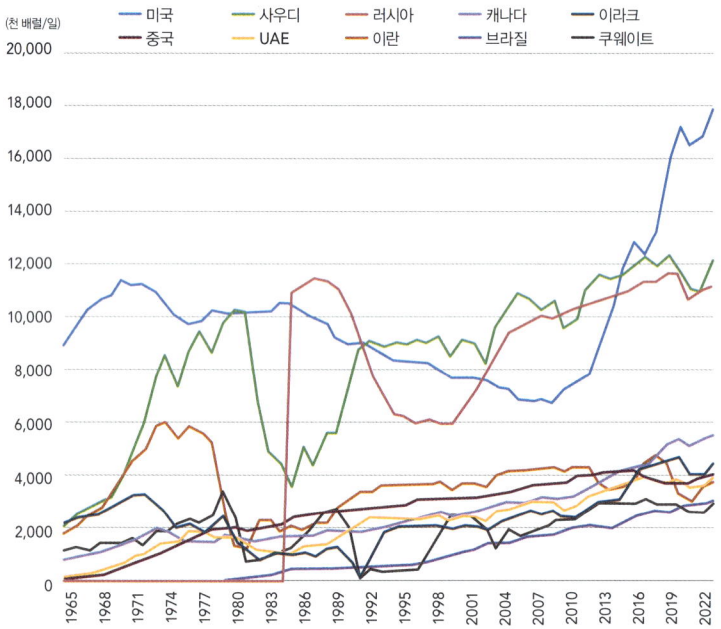

자료: Energy Institute

로, 광범위한 수요를 지니고 있습니다. 원유를 생산하는 주요 산유국으로는 미국·사우디아라비아·러시아가 대표적이며, 이 상위 3개국이 전 세계 생산의 약 40%를 차지할 정도로 원유 생산은 특정 국가에 집중되어 있는 경향을 보입니다. 특히 미국은 2008년 셰일오일 혁명*으로 하루 1300만 배럴 이상의 원유 생산을 가능케

---

* 셰일오일 혁명: 수평시추와 수압파쇄 기술을 통해 지하 깊은 셰일층에서 원유와 가스를 효율적으로 추출할 수 있게 된 기술적 전환을 말합니다. 이로 인해 미국은 에너지 자급이 가능해졌

하며 세계 최대 산유국 반열에 올랐고, 러시아와 사우디아라비아 등 OPEC* 회원국들이 그 뒤를 잇고 있습니다. 원유의 주요 소비국으로는 하루 약 1900만 배럴을 소비하는 세계 최대 경제국인 미국과 급속한 산업화로 하루 약 1200만 배럴을 소비하기 시작한 중국이 쌍벽을 이루며, 유럽연합·인도·일본 등 국가들이 뒤따르고 있습니다. 즉 원유 시장은 수요와 공급이 일부 생산국과 소비국에 집중되어 있는 시장이며, 따라서 이들 국가의 정책 변화나 지정학적 이슈는 국제 유가에 직접적인 영향을 주게 됩니다.

국제 원유 시장에서 가장 많이 언급되는 가격 기준은 WTI, 브렌트유, 그리고 두바이유입니다.

> - **WTI**(West Texas Intermediate): 미국 텍사스산 경질유로, 품질이 뛰어나고 뉴욕상업거래소에서 선물로 활발하게 거래되어 국제 유가의 대표 지표로 활용됩니다.
> - **브렌트유**: 북해 브렌트 유전 원유로 유럽의 기준유 역할을 하며 런던 ICE 선물 시장에서 거래됩니다.
> - **두바이유**: 중동산 중질유로, 아시아 지역의 기준유 역할을 하지만 선물 시장 없이 현물 거래가 중심이 된다는 특징이 있습니다.

고, 세계 석유 시장의 권력 구도 역시 크게 뒤바뀌는 전환점을 맞이하게 되었습니다.
* OPEC(석유수출국기구)은 세계 주요 산유국들이 원유 생산량과 가격을 조절하기 위해 결성한 협의체로, 글로벌 유가에 큰 영향을 미치는 공급 측 카르텔입니다.

이 세 가지 원유는 각각 거래되는 시장이 달라 WTI는 미주, 브렌트유는 유럽, 두바이유는 아시아 지역 원유 가격의 대표 지표 역할을 합니다. WTI는 품질이 가장 좋은 편이지만 물류와 수송 병목 등의 이유로 브렌트유보다 가격이 낮은 경우가 일반적이며, 이를 'WTI-브렌트 스프레드'라고 부릅니다. 상황에 따라 기준유 간 가격 차이는 배럴당 몇 달러에서 10달러 이상까지 벌어지기도 합니다. 대표적인 사례로는 2011년 미국 내 수송 병목 현상을 들 수 있습니다. 당시 셰일오일 생산은 급증했지만, 이를 해안 정제 시설로 옮길 파이프라인 인프라가 부족해지면서 미국 내륙에 원유가 쌓이는 현상이 발생했습니다. 그 결과 미국산 WTI는 해외 수출이 어려워져 브렌트유보다 큰 폭으로 할인된 가격에 거래되었습니다.

WTI는 미국 내에서 주로 소비되는 원유이지만, 뉴욕상업거래소(NYMEX)에서 활발히 선물 거래가 이루어지기 때문에 국제 유가를 대표하는 상징적 지표로 사용됩니다. 반면 두바이유는 선물 시장 없이 현물 거래만 이루어지는 구조여서 중동 산유국의 전략이나 지정학적 리스크에 따라 가격 변동성이 더 크게 나타나는 편입니다.

정리하자면, 원유는 현대 산업과 금융시장을 동시에 관통하는 핵심 에너지 자산에 해당합니다. 그리고 우리가 투자 관점에서 말하는 '유가'란 보통 WTI 기준 배럴당 가격을 뜻합니다.

이제 원유에 대해 어느 정도 개념이 잡히셨을 것이라 생각됩니다. 이번에는 유가 변동이 산업과 경제에 미치는 영향에 대해 살펴보도록 하겠습니다. 유가는 산업과 경제에 굉장히 직접적인 영향을 미칩니다. 원유는 운송과 제조의 핵심 연료이기 때문에 국제 유가가 오르면 전반적인 생산 비용이 함께 상승합니다. 물류비와 운송비가 올라가고, 기업은 늘어난 원가 부담을 제품 가격에 전가하게 됩니다. 즉 유가 상승 → 생산비 증가 → 제품 가격 상승의 연쇄 흐름이 나타나는 구조입니다. 실제로 유가가 10% 오르면 국내 소비자물가상승률이 약 0.2% 포인트 높아진다는 분석도 있습니다. 이처럼 원유의 가격은 기업 입장에서 대표적인 비용 인상 요인이며, 이는 곧 비용 인플레이션 압력으로 작용합니다.

물가가 오르면 중앙은행의 통화정책에도 영향을 미칩니다. 유가가 상승하면 금리 인상 압박이 커지고, 반대로 유가가 하락하면 물가 상승세가 둔화되며 통화정책이 완화적으로 돌아설 여지가 생깁니다. 다만 유가 하락이 반드시 긍정적인 시그널은 아닙니다. 수요 감소에 따른 유가 하락은 오히려 경기 침체나 디플레이션 우려로 이어질 수 있기 때문입니다.

재미있는 점은, 여러 연구에 따르면 유가 급등은 성장률을 낮추고 인플레이션을 높이는 효과가 크지만 유가 하락이 성장률을 높이거나 물가를 낮추는 효과는 제한적이었다는 것입니다. 즉 유가 상승이 경제에 미치는 충격은 강한 반면, 비대칭적으로 유가 하락의 긍정 효과는 약한 경우가 많았습니다. 이러한 이유로 주요국들의 정책 당국은 유가가 급등할 때는 강한 경계심을 가지며, 유가가 하락할 때에도 방심하지 않고 경기 침체 가능성을 함께 고려하게 됩니다.

유가는 전반적인 경기 흐름을 보여주는 체온계 역할도 합니다. 경기가 좋을 때는 에너지 수요가 늘어나 유가가 오르고, 경기가 식으면 수요가 줄어들며 유가는 하락하는 경향이 있습니다. 그래서 유가는 종종 세계 경제의 체온계처럼 해석될 수 있는 것입니다. 실제로도 글로벌 경기 침체 우려가 커질 때 유가가 먼저 반응하는 모습들이 종종 나타납니다. 예를 들어 2008년 금융위기 직전과 2020년 코로나19 팬데믹 초기에 국제 유가는 급락했는데, 이는 시장에서 경기 냉각을 선반영한 결과로 해석되었습니다. 반대로 경기가 과열되는 국면에서는 원유 수요가 폭증하면서 유가 급등이 나타나기도 합니다.

다만 유가 변동의 원인을 파악할 때에는 원유에 대한 수요뿐만 아니라 지정학적 이슈 등으로 인한 원유의 공급 충격도 고려해야 하기 때문에 유가가 반드시 경기 상황만을 반영한다고 판단해서는 안 됩니다. 실제로 수요 요인에 따른 유가 상승과 공급 요인에 따른 유가 상승은 경제에 미치는 영향이 다를 수밖에 없습니다. 수요 증가로 인한 유가 상승은 경기 호조의 신호이기 때문에 긍정적인 측면이 일견 존재한다고 볼 수 있으나, 공급 차질로 인한 유가 급등은 생산 비용 쇼크로서 경기 침체와 물가 상승을 동시에 불러오는 악재로 작용할 수 있습니다. 더 나아가 공급 차질로 인한 유가 급등이 지속될 경우 스태그플레이션의 원인으로도 작용할 수 있게 됩니다. 이러한 공급 충격의 대표적인 사례가 바로 1970년대 오일쇼크입니다. 당시 중동의 산유국들이 원유 공급을 제한하면서 국제 유가는 급등했고, 그 여파로 세계 경제는 저성장과 고물가가 동시에 나타나는 구조적 침체를 겪었습니다.

결국 유가는 단순히 에너지 가격이 아니라 경기 신호와 공급 리스크를 함께 품은 복합적 지표입니다. 따라서 투자자 입장에서는 유가 상승의 '원인'을 구분해서 해석하는 시각이 매우 중요합니다.

산업의 측면에서 봤을 때 유가 변동은 산업의 분야별로 명암이 엇갈리는 신호입니다. 우리나라처럼 원유를 전량 수입하는 국가엔 유가 상승이 전체 경제에 부담으로 작용하지만, 업종별로 따져본다면 '우산 장수와 부채 장수'처럼 완전히 다른 영향을 줍니다. 먼저 유가 상승의 수혜 업종부터 살펴보도록 하겠습니다. 유가 상승의 수혜 업종으로는 정유회사와 플랜트·조선업 등을 들 수 있습니다. 정유사는 원유를 수입해 휘발유·경유 등과 석유 제품 등으로 정제하여 판매하는데, 유가가 오르면 정제 가격도 연동하여 상승하기 때문에 매출과 이익이 증가하는 경향이 있습니다. 조선·해양 플랜트 기업은 고유가일수록 해저 유전 개발 투자가 늘어나 해양 시추 설비 등 관련 수주가 확대되기 때문에 호황을 맞는 경향이 있습니다.

　반대로 유가 상승의 피해 업종은 항공·해운 등 연료비 비중이 높은 운송업입니다. 특히 항공사는 전체 운영비 중 유류비가 약 30%를 차지하기 때문에 유가 급등은 직접적인 비용 압박으로 작용하며 수익성을 악화시킵니다. 또한 석유화학 업종도 원유 가격에 민감합니다. 플라스틱이나 합성섬유처럼 원유를 원료로 사용하는 산업은 원가 부담이 늘어 마진이 줄어드는 구조입니다. 정유의 후방 산업 역시 원료비 상승으로 타격을 입을 수 있습니다. 결국 유가가 오르면 에너지 관련 업종은 강세, 반대로 항공·운송·소비재 업종은 약세를 보이는 등 자산시장 내부에서 순환적인 흐름이 나타납니다. 반대로 유가가 하락하는 국면에서는 그 판도가 뒤집힙니다. 에너지 기업은 수익성이 줄지만, 운송업과 제조업은 비용 부담이 줄어드는 호재로 작용하게 됩니다.

　원유는 정치적 변수에 매우 민감하게 반응하는 원자재에 해당하며, 따라서 원유의 공급 측면을 이해하기 위해 지정학적·정책적 이슈를 알아두는 것은 매우 중요합니다. 원유의 가장 대표적인 공급 조절 기구는 OPEC+ 협의체입니다. OPEC은 사우디아라비아·이란·UAE 등 중동 산유국 중심의 공급 카르텔로, 전 세계 원유 생산의 약 30~40%를 차지합니다. 여기에 러시아 등 비회원국까지 포함한 OPEC+는 국제 유가의 흐름을 사실상 좌우하는 집단입니다.

이들은 유가가 하락하면 감산을 통해 시장을 부양하고, 유가가 과열되면 증산에 나서는 식으로 재정균형유가*를 관리합니다. 예를 들어 2020년 코로나19로 수요가 급감했을 때는 하루 970만 배럴의 사상 최대 감산을 단행했고, 2022년 물가 급등기에는 다시 감산으로 유가를 지지했습니다.

다만 최근에는 미국의 셰일오일 생산 증가로 인해 OPEC+의 영향력이 다소 약화되었다는 평가도 나옵니다. 유가가 상승하면 미

---

* 재정균형유가(Fiscal breakeven oil price): 산유국 정부의 재정이 적자가 되지 않는 수준의 원유 가격입니다. OPEC+는 원유 가격이 재정균형유가를 하회하는 경우 수요와 공급을 조절하여 민감하게 반응합니다.

국의 민간 셰일 기업들이 증산에 나서면서 OPEC+의 감산 효과가 일부 상쇄되기 때문입니다. 실제로 미국은 2010년대 중반 이후 석유 순수출국으로 전환했고, 2018년경부터는 산유량 세계 1위에 올라 국제 석유 시장 권력 구도에 큰 변화를 가져왔습니다.

중동의 지정학 리스크는 전통적인 유가 급등 요인에 해당합니다. 1973년 제4차 중동전쟁 당시 아랍 산유국들이 서방에 대한 석유 수출을 중단하면서 1차 오일쇼크가 발생했고, 유가는 단숨에 4배 가까이 폭등했습니다. 이후에도 1979년 이란 혁명, 1990년 걸프전, 2000년대의 이라크 전쟁과 시리아 사태 등 중동발 갈등은 반복적으로 유가 급등의 뇌관 역할을 해왔습니다. 이처럼 중동은 전 세계 석유 매장량의 과반이 집중된 지역이기 때문에 단순한 테러나 정권 교체 뉴스만으로도 유가가 출렁이는 일이 잦습니다. 시장에서는 이를 '지정학적 리스크 프리미엄'이라 부르며, 실제 수급보다 심리적 요인이 더 먼저 작용하기도 합니다.

러시아는 현대 원유 시장에서 또 하나의 변수로 작용하는 국가입니다. 세계 3대 산유국 중 하나인 러시아는 유럽과 아시아에 원유와 천연가스를 공급하는 거대 에너지 수출국입니다. 2022년 2월 러시아의 우크라이나 침공은 유가를 단숨에 끌어올리는 결정적 사건이 되었습니다. 서방 국가들은 러시아산 원유 수입 금지, 가격 상한제, 결제 제한 등 전방위 제재를 가했고, 러시아도 천연가스 공급 차단 등으로 맞서며 글로벌 에너지 수급 불안이 극대화됐습니다. 당시 브렌트유는 배럴당 120달러를 돌파했고, 각국은 전략비축유(SPR) 방출, 중동 증산 등의 대응에 나섰습니다. 이 사건은 동시에 에너지 물류 지도를 재편하기도 했습니다. 유럽은 중동·아프리카로 수입선을 다변화했고, 러시아는 중국·인도로 수출 방향을 돌리며 글로벌 원유 흐름이 새롭게 구성되었습니다.

주요국 정부의 정책 개입도 유가에 영향을 줍니다. 대표적인 예는 전략비축유 방출과 유류세 인하입니다. 2022년 미국은 사상 최대 규모의 비축유를 방출해 유가를 안정시키려 했고, 다른 국가들도 유사한 방식으로 물가 대응과 민생 안정을 동시에 꾀했습니다. 반대로 유가가 급락해 자국 에너지 산업이 타격을 받을 경우 산유국들은 감산에 나서 가격을 방어하거나, 비축유를 사들여 시장을 지지하는 전략을 펼치기도 합니다.

결국 원유 시장은 단순한 수급 원리를 넘어 정치·군사·시장 심리까지 영향을 받는 복합적 시스템입니다. 따라서 투자자들은 단기 수요나 가격보다도 OPEC+ 결정, 중동 및 러시아의 정세, 미국의 전략비축유 방출 여부 등을 종합적으로 살펴야만 유가의 방향을 제대로 읽을 수 있습니다.

마지막으로 투자자들이 유가를 받아들이고 활용하는 방법을 살펴보며 원유 파트를 마치도록 하겠습니다. 원유 가격은 거시경제와 자산시장을 잇는 중요한 연결고리입니다. 유가는 특히 물가와 밀접한 관계를 가지며, 이를 통해 통화정책의 방향에도 영향을 미치게 됩니다. 예를 들어 유가가 상승 추세에 있을 때 에너지 비용이 상승하게 되며, 이는 생산 비용 증가, 그리고 소비자물가 상승 압력으로 이어지게 되며, 중앙은행은 이를 억제하기 위해 금리 인상 카드를 꺼낼 수 있습니다. 실제로 2021~2022년 글로벌 인플레이션 국면에서도 코로나 이후 공급망 병목과 유동성 확대에 따른 유가 및 천연가스 급등이 전 세계적인 물가 상승을 이끌었으며, 이를 잡기 위해 미국의 연준(Fed)을 비롯한 각국의 중앙은행들이 가파른 금리 인상을 단행한 바가 있습니다.

반대로 유가가 하락하면 물가 상승세가 완화되고, 통화정책이 완화적으로 전환될 수 있는 여지가 생깁니다. 이 경우 채권 금리가 하락하고 위험자산 시장이 반등하는 시나리오도 종종 나타납니다.

물론 중앙은행은 식료품·에너지처럼 변동성이 큰 품목은 일시적이라 판단해, 정책 판단에서 '근원 물가' 지표를 중심으로 판단하는 경우도 많습니다. 하지만 유가 상승이 장기화되고 인플레이션 기대 심리까지 끌어올릴 경우, 임금-물가 연쇄 상승으로 이어져 중장기 금리 수준 자체를 밀어 올리는 결과를 낳을 수 있습니다.

결국 유가와 물가·금리는 어느 정도 같은 방향으로 움직일 가능성이 높고, 투자자는 유가 흐름을 통해 금리와 통화정책 방향에 대한 힌트를 얻을 수 있습니다.

이번엔 실제 투자자들이 주로 투자하게 되는 위험자산 시장과 유가와의 관계를 살펴보겠습니다. 우선적으로 유가와 위험자산의 관계는 복합적입니다. 기본적으로 유가는 경기 흐름을 반영하기 때문에 주식시장과 동행하는 경향이 있습니다. 즉 경기 회복 기대가 클 땐 유가도 오르고, 주가도 오릅니다. 반대로 경기 침체 우려가 커지면 유가와 주가가 동시에 하락하는 모습이 자주 나타납니다.

하지만 항상 같은 방향으로 움직이지는 않습니다. 유가 상승이 인플레이션 우려를 자극하면 오히려 주식시장에는 악재가 될 수 있습니다. 기업의 마진이 줄어들고, 금리 인상 리스크가 확대되며 밸류에이션 부담이 커지는 구조이기 때문입니다. 즉 유가는 분명 위험자산에 영향을 미치지만, 위험자산과 동행할지, 또는 위험자산 시장과 역행할지에 대한 방향은 유가 상승의 원인이 무엇인지에 따라 달라집니다. 수요 증가에 따른 유가 상승은 경기 회복 시그널로 긍정적일 수 있지만, 공급 차질로 인한 유가 급등은 자산시장에 부담을 줄 수 있습니다.

결론적으로 투자자는 유가만 보는 것이 아니라 왜 유가가 움직이는지, 그리고 그에 따라 어떤 자산이 영향을 받을지를 분석해 전략을 세우는 것이 중요합니다.

금: 천상천하 유아독존, 안전자산의 최고봉

금은 주기율표에서 원소 번호 79번의 귀금속으로, 아름다운 광

택과 희소성, 그리고 변성되지 않는 특징 덕분에 인류 역사상 가장 오랫동안 가치를 인정받아 온 자산입니다. 인류는 고대부터 금을 화폐이자 보석, 더 나아가 권력의 상징으로 사용해왔고, 근대에는 금본위제[*]라는 통화 시스템의 근간으로 사용하기도 하였습니다. 오늘날에도 금은 안전자산의 대표주자로서 기능하고 있으며, 전 세계 중앙은행들 역시 언제 어디서든 필요한 화폐로 전환이 가능한 금을 비축하고 있습니다. 실제로 전 세계 중앙은행들이 보유한 금의 합계는 약 3만 5000톤 이상으로, 지금까지 채굴된 금의 약 5분의 1에 달하는 양입니다.

그러면 금에 대해 조금 더 들여다보도록 하겠습니다. 금은 현재 수요를 기준으로 보석 등에 사용되는 귀금속용, ETF·금 현물·금 통장 등에 사용되는 투자용, 그리고 전자기기의 부품·의료기기 등에 사용되는 산업용 금으로 나뉩니다. 이 가운데 약 절반가량의 수요는 귀금속 산업에서 발생하며, 특히 인도와 중국은 문화적 특성으로 인해 전 세계 귀금속용 금 수요의 절반 이상을 차지하는 핵심 소비국입니다. 나머지 수요는 투자와 산업용으로 구성되는데, 금은 전기전도성과 화학적 안정성이 뛰어나 정밀 전자기기·반도체·의료장비 등에서도 소량이지만 필수적으로 사용됩니다. 최

---

* 금본위제: 통화의 가치를 금에 고정시키고, 화폐와 금이 상호 교환될 수 있도록 한 제도. 화폐 발행량이 금 보유량에 의해 제한되어 물가 안정성이 높지만 제한된 화폐 발행으로 인해 경기 부양에는 제약이 따를 수 있는 제도.

근에는 기술 발전에 따라 산업용 수요도 점진적으로 증가하고 있습니다.

금은 공급 측면에서도 독특한 자산입니다. 연간 전 세계 금 생산량은 약 3000톤 수준으로 제한되어 있어 희소성이 유지되고 있습니다. 주요 금 생산국은 중국·러시아·호주·캐나다·미국 등이며, 특히 중국은 2000년대 이후 세계 최대 금 생산국 자리를 지키고 있습니다. 각국 정부와 민간이 보유한 금의 총량은 약 20만 톤 내외로 추정되는데, 해마다 새로운 채굴량이 제한적인 만큼 금은 공급 증가가 매우 더딘 자산으로, 공급에 의한 가치 변동이 적고 전체 양에 비해 실제로 산업에 소비되는 양은 적어 수량이 안정적으로 유지된다는 점에서 안전자산으로 인정받고 있습니다.

■ **금 생산 상위 10개국(2024)**

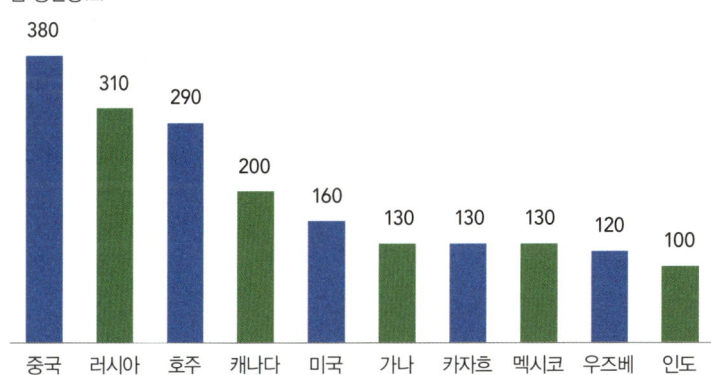

금 가격은 여러 가지 경제지표와 밀접하게 연동되는 특성이 있습니다. 대표적으로 금은 인플레이션의 헤지 수단으로 불립니다. 통화량이 팽창하고 화폐 가치가 하락할 때 공급 측면에서 희소성이 있는 실물자산인 금의 가치는 오히려 상승하는 경향이 있기 때문입니다.

실제로 1970년대의 스태그플레이션 시기 미국에서 물가가 급등하자, 달러 가치 하락을 우려한 투자자들이 대거 금을 매입하여 금값이 폭등한 바가 있습니다. 1971년 미국이 금본위제를 종료하고 달러와 금의 교환을 중단한 당시 온스당 35달러였던 금의 가격은 이후 자유시장 경제에서 급등하여 1980년대 초에는 온스당 800달러를 넘어서며 약 20배 상승하였습니다. 이처럼 통화 가치의 급격한 희석이 예상될 때 안전자산인 금에 대한 수요가 커져 가격이 오르는 경향이 있는 것은 맞지만, 현대 경제에서 항상 인플레이션과 금 가격이 비례하는 것은 아닙니다. 현대 경제에서는 금 역시 그저 투자 자산 중 하나로 평가하는 것이 옳으며, 국채·원자재·주식·암호화폐 등 다양한 투자 대안들과 수익률, 안정성 측면에서 비교하는 것이 필요합니다.

조금 더 나아가, 대표적인 안전자산인 국채와 비교해보도록 하겠습니다. 금과 국채는 투자자들에게 경쟁 자산으로 작용하기 때문에 금 가격과 금리 사이에는 일반적으로 역상관관계가 있습니다. 금은 이자를 지급하지 않는 자산이기 때문에 시장 금리가 완만하게 높아지면 금을 보유하는 기회비용*이 커져 금 수요가 감소하고 가격이 하락하는 경향이 있습니다. 특히 물가를 감안한 실질 금리**가 금 가격에 크게 영향을 미치며, 실질 금리가 뚜렷하게 양수일 때에는 투자자들이 채권 이자 수익을 통해 인플레이션을 상쇄하고도 수익을 얻을 수 있기 때문에 금의 매력이 떨어지지만, 실질 금리가 음수인 상황에서는 화폐 자산의 실질 가치가 빠르게 하락하므로 이자를 지급받지 않는 금이 오히려 가치 보존 수단으로 각광받으며 금 수요가 커지고 가격이 상승합니다. 즉 금리와 금 가격의 관계를 정리하자면, 실질 금리가 낮거나 마이너스일 때 금 가격이 강세를 보이는 경향이 있다고 정리할 수 있겠습니다.

또한 전 세계 자산의 시가총액 1위를 굳건히 다지고 있는 금은 전통적인 안전자산에 해당합니다. 금은 경기 침체나 금융시장, 국제 정세 불안정 시기에 특히 주목받는 자산에 해당합니다. 금은 정부나 특정 발행기관의 신용에 의존하지 않는 무위험자산이며, 역사적으로 전 세계 화폐 그 자체로 통용되어온 신뢰의 자산이기 때문입니다. 예컨대 2008년 글로벌 금융위기 당시 은행 부실과 시장 붕괴 위험이 커지자 금 가격이 단기간에 급등했고, 이후 각국의 통화 완화정책 속에서 2011년에는 온스당 1900달러 선까지 오

---

* 금의 기회비용 = 금 대신 이자를 주는 자산을 보유했을 때 얻을 수 있는 이익
** 실질 금리 = 명목 금리 − 인플레이션율. 물가상승률을 반영해 돈의 실제 구매력 기준으로 따졌을 때의 이자 수익

르며 사상 최고치를 경신했습니다. 마찬가지로 2020년 코로나19 팬데믹으로 세계 경제에 충격이 닥치고 주가 폭락과 대규모 부양책이 시행되자 금값이 다시 빠르게 상승해 2020년 8월 온스당 약 2070달러라는 사상 최고가를 기록했습니다. 이처럼 다양한 원인으로 발생하는 경제위기 국면에서의 금 강세 현상은 투자자들이 여전히 가장 강력한 '최후의 보루'로 금을 찾는 안전자산 선호 심리를 보여줍니다.

구리: 제조업 경기의 체온계

투자자들 사이에서는 '닥터 코퍼(Dr. Copper)'라는 별명이 있을 정도로, 구리는 시장의 건강 상태를 가장 먼저 알려주는 자산이라 할 수 있습니다. 구리는 특히 제조업 경기에 매우 민감하게 반응하며, 구리 가격은 종종 주요 경제지표보다도 먼저 움직이는 경향이 있습니다. 그만큼 구리는 단순한 금속이 아니라 실물경제, 특히 제조업 경기의 체온계라고도 볼 수 있는 역할을 하고 있습니다.

먼저 '구리'에 대해 조금 더 자세히 살펴보도록 하겠습니다. 구리는 열전도성과 전기전도성이 뛰어나고 가공성이 우수해 거의 모든 산업에서 광범위하게 사용되는 원자재입니다. 실온에서 구리보다 전기전도성이 좋은 원소는 은뿐이며, 따라서 구리는 가장 대표적으로 전선에 사용되는 원자재에 해당합니다. 그 외에도 전기차의 배터리, 모터, 건설 자재, 반도체, 냉난방 시스템, 송전망, 태양광 설비에 이르기까지 자동차, 전기·전자, 건설, 해운 등 정말 많은 산업 영역에서 필수적으로 사용되는 원자재입니다.

전 세계에서 구리를 가장 많이 생산하는 나라는 약 27%를 생산하는 칠레이며, 이외에도 페루·중국 등이 주요 생산국에 해당합니다. 반대로 전 세계에서 구리를 가장 많이 소비하는 나라는 세계 소비량의 약 50%를 차지하는 중국이며, 이외에도 미국·독일 등의 선진 제조업 국가의 사용량이 높은 편입니다.

구리 가격은 제조업 경기에 매우 민감하게 반응합니다. 경기가 회복 국면에 접어들 경우 인프라 투자, 건설 활동, 제조업 전반의 생산 증가가 동반되며 구리의 수요가 급증하게 됩니다. 반대로 경기 침체가 예상될 경우 제조업에 대한 수요 위축 우려로 구리의 가

■ 코로나19 시기 글로벌 경기 부양책과 함께 급등한 구리 가격

자료: 런던금속거래소, 마켓인사이더

격은 먼저 하락하게 됩니다.

구리는 2020년 코로나19 이후 글로벌 경기 부양책이 발표되며 급등한 바 있으며, 이처럼 글로벌 경기에 민감하게 반응하는 자산에 해당합니다. 구리는 원유나 금보다는 지정학적·정치적 영향을 덜 받는 특성이 있습니다. 원유는 OPEC의 생산량 결정, 그리고 중동의 정세에 따른 불안정성과 함께 에너지 안보와도 직결되는 전략 자산에 해당합니다. 또한 금 역시 위험 회피 수단이자, 글로벌 자산 포트에 필수 편입되는 전략 자산에 해당합니다. 반대로 구리는 거의 전적으로 산업 수요에 의해 가격이 결정되는 실물 자산에 해당합니다. 즉 구리는 투자의 목적으로 사용되는 경우가 적으며, 주로 실물 수요 중심 자산에 해당하기 때문에 투기적 가격의 왜곡이 적은 편에 해당합니다. 또한 구리의 생산국은 칠레와 페루에 집중되어 있지만 원유와 같은 카르텔이 없고, 구리는 재활용 비중이 높은 편으로 공급 유연성이 있는 원자재에 해당하기에 지정학적 영향도 조금은 덜 받는 원자재에 해당합니다.

투자 영역에서 구리를 어떻게 바라보는 것이 좋을지 살펴보며, 구리 파트를 마치도록 하겠습니다. 구리는 전통적으로 '리스크 온(Risk-On)' 환경에서 강세를 보이는 대표적인 원자재입니다. 즉 시장 참가자들이 위험을 감수할 의향이 커지고, 경기 회복이나 확장 국면에 대한 기대감이 퍼질 때 구리 가격이 상승하는 경향이 나타납니다. 이러한 성격은 구리가 주식시장, 특히 기술주 중심의 성장

■ 꽤 강한 양의 상관관계를 보이는 구리와 비트코인의 주봉 차트

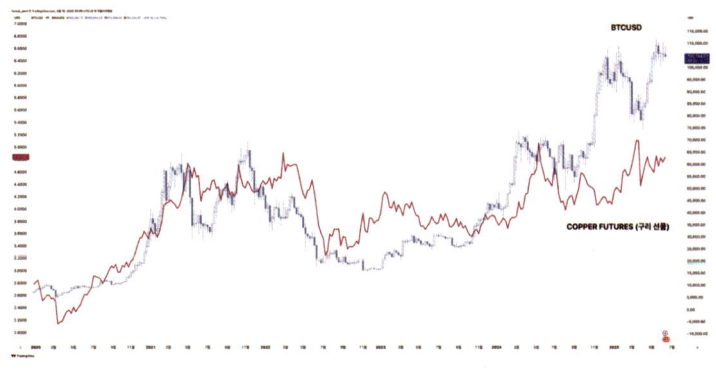

주나 암호화폐 시장의 가격 흐름과 일정 부분 유사한 흐름을 보이는 이유가 됩니다. 실제로 중기적인 관점에서 비트코인과 구리의 가격은 양(+)의 상관관계를 가지는 것으로 분석되며, 이는 두 자산 모두 미래 경기에 대한 낙관적인 기대가 반영될 때 함께 상승하는 모습을 보이기 때문입니다.

비트코인뿐 아니라 나스닥 지수나 테슬라(TSLA)와 같은 성장주의 주가 흐름과 구리 가격 역시 유사한 방향으로 움직이는 시기들이 꽤 자주 관찰됩니다. 다만 이러한 연동 관계는 당연하게도 항상 유지되는 것은 아님에 유의해야 합니다. 물가 상승 우려나 금리 인상 기조가 부각되면 원자재인 구리의 가격은 상승하더라도 위험자산 시장에서는 조정이 나타날 수 있으며, 이러한 괴리 현상에 유의할 필요가 있습니다.

반대로 미국의 실질 금리(명목 금리 − 인플레이션율)가 하락하는 구간에서는, 시장 전반에 유동성이 풍부해지고 자금이 위험자산 시장으로 유입되는 환경이 형성되기 때문에 구리와 위험자산 시장이 함께 강세를 보이는 경우가 많이 관찰됩니다.

결론적으로 구리는 위험자산 시장과 일정 수준의 연관성을 가지고 있는 것은 사실입니다. 다만 경기 국면이나 금리 흐름에 따라 자산 간 동조화가 나타날 수도, 괴리가 나타날 수도 있기에 이러한 관계를 이해하고 투자의 방향 설정에 참고 자료로 이용하면 도움이 될 수 있을 것입니다.

희토류: 미-중 기술 패권의 무기

'희토류(Rare Earths)'라는 이름 안에는 '희귀한 토양 속 금속 원소'라는 의미가 들어 있지만, 이름처럼 지구상에서 아주 희귀한 자산은 아닙니다. 오히려 희소성보다는 정제·가공의 난이도와 생산 구조의 독점성이 더 큰 이슈로 작용하는 원자재입니다. 희토류를 생산하기 위해서는 몇 가지 필수적인 조건이 필요합니다.

따라서 이 모든 조건을 충족하는 국가는 지구상에 많지 않으며, 전 세계 희토류 생산량의 약 60~70%가 중국에서 생산되고 있는 실정입니다. 심지어 정제 및 가공까지를 놓고 본다면 무려 85%에 달하는 희토류가 중국을 거쳐 생산되고 있습니다. 그 외 미국·미얀마·호주 등이 제한적으로 생산하고 있으나, 실제 생산과 정제 기술에서 중국을 대체할 수준의 공급자는 아직 없습니다. 주요 소비국은 미국·유럽연합·일본·한국 등이며, 이들 국가는 대부분 반도체·전기차·배터리 등 첨단 제조업의 핵심국이기도 합니다.

> **희토류 개발의 필수 조건**
>
> - **경제성 있는 매장량**: 단순 매장 유무가 아닌, 함유 **농도**와 채굴·정제 과정에서의 단가 기준 경제성이 확보되어야 합니다.
> - **정제 기술 및 인프라 확보**: 희토류는 채굴보다 정제가 더 어려운 자원에 해당하며, 정제 과정에서 방사성 폐기물, 중금속, 황산류 등의 오염 물질이 다량 발생하는 원자재입니다. 따라서 이러한 오염 물질 처리를 위한 설비와 전력·용수·항만·도로 등의 인프라도 함께 갖추어져야 합니다.
> - **환경 규제와 지역사회 수용성**: 희토류 정제는 필연적으로 환경 부하를 동반하므로 환경 규제가 과도한 국가 혹은 국민들의 반발이 심할 경우 사업을 지속할 수 없습니다.
> - **저렴하고 충분한 노동력**: 희토류 시장은 가격 경쟁이 치열하고, 중국이라는 '굳건한 선발 주자'가 있습니다. 따라서 단가 경쟁력을 확보하기 위해 저렴하고 충분한 노동력이 갖추어져야 합니다.
> - **자금 조달 및 투자 유치 능력**: 희토류 산업의 초기 설비·인프라에는 약 수천억 원대의 투자가 필요합니다. 따라서 자본을 유치할 수 있는 능력과 함께 해당 국가의 금융 투명성, 신뢰도 등이 변수로 작용합니다.
> - **전후방 산업 연계성**: 희토류 정제 후의 가공 산업이 주변에 존재해야 합니다. 즉 단순 채굴 후 수출하는 구조는 수익성이 제한되며, 전기차·반도체·국방 등의 수요 산업이 물리적으로 연결되어 있을수록 유리합니다.
> - **정치적 안정성과 법치**: 희토류 생산은 중장기적인 투자가 필요하기 때문에 법적 안정성과 권리의 보호 등이 중요하게 작용합니다. 정치적으로 불안한 나라 혹은 법적으로 보호 체계가 미흡한 나라는 희토류 산업을 시작하기에 어려움이 있습니다.

희토류의 가장 큰 특징은 앞서 살펴보았듯 산업 내 활용도는 높은 반면, 공급망이 매우 집중되어 있다는 점입니다. 희토류는 란탄족 15개 원소에 스칸듐(Sc)·이트륨(Y) 등을 포함한 총 17종의 원소를 통칭하며, 네오디뮴(Nd)·프라세오디뮴(Pr)·디스프로슘(Dy)·테르븀(Tb) 등이 실질적으로 많이 쓰입니다. 희토류는 대부분 자성체로 활용되며, 강력한 영구자석을 만들 수 있다는 점에서 전기차 모터, 광섬유, X선 장비, 항공기 엔진 합금, 핵융합 실험 장치, 데이터 스토리지, 디스플레이 등 다양한 산업 분야에서 사용됩니다. 또한 레이더나 미사일 유도 시스템과 같은 첨단 방산 분야에도 널리 사용되기 때문에 그 자체로 전략 자산의 성격을 지니게 됩니다.

따라서 희토류의 가격은 단순한 수급뿐만 아니라 정책적 요인, 지정학적 리스크, 공급망 리스크 등 복합적인 요인에 의해 크게 영향을 받게 됩니다. 예를 들어 정책적으로 전기차 산업의 확장, 그린 에너지 정책의 확대 혹은 국방 예산 증가 등이 실행된다면 희토류의 수요가 급증하게 됩니다. 희토류의 수급은 보통 제한적이기 때문에 공급에 조금만 이상이 생겨도 가격이 급등하는 경우가 많습니다. 앞서 살펴보았던 구리가 경기에 민감한 원자재였다고 한다면, 희토류는 경기 국면 자체보다도 특정 기술 산업 섹터의 이슈 혹은 지정학적 이슈가 부각될 때 가격이 민감하게 반응한다는 차이가 있습니다.

지정학적 이슈에 의해 희토류가 움직인 사례, 그리고 희토류를 정치적 무기로 사용했던 사례들을 확인해보도록 하겠습니다. 먼저 2010년 중국과 일본의 센카쿠 열도(중국명 댜오위다오) 갈등 당시의 사례입니다. 2010년 9월, 일본과 중국 사이에서 센카쿠 열도에 대한 영유권 분쟁이 격화되며 양국 간의 긴장이 고조되었습니다. 일본 해안경비대가 중국 어선을 나포하자, 중국은 희토류 대일본 수출을 사실상 중단하며 경제적 압박에 나섰습니다. 이 조치로 희토류 가격은 단기간에 3~4배까지 상승했으며, 전 세계 주요 산업국들이 희토류를 '국가 전략 자산'으로 규정하게 된 계기가 되었습니다.

또한 2019년과 2023년에는 미-중 무역 분쟁의 일환으로 중국 정부가 희토류 수출 제한 가능성을 시사하며 희토류와 희토류 관련 주식의 가격이 급등하는 현상이 반복되기도 하였습니다.

희토류는 구리나 원유와는 다르게 현물 투자보다는 주식시장과 테마주의 흐름을 통해 투자 심리가 반영되는 경우가 많습니다. 예를 들어 미국의 MP 머티리얼즈(Materials), 호주의 라이너스 레어 어스(Lynas Rare Earths), 중국의 차이나 노던 레어 어스 그룹(China Northern Rare Earth Group)과 같은 희토류 채굴 및 정제 기업들은 대표적인 희토류 관련주로 꼽히며, 희토류 가격 상승의 수혜를 받는 기업들에 해당합니다. 이들 기업은 실제로 미국의 인플레이션 감축법이나 유럽의 공급망 정책 등 정책 수혜를 받아 중장기적으로 강세 흐름을 나타낸 바 있습니다. 희토류의 가격 자체에 투자할 수 있는 ETF나 선물 시장은 상대적으로 좁은 편이지만, 관련 주식이 기술 테마주, 국방 테마주, 그리고 ESG 전략 자산군*과 함께 움직이는 경향이 있다는 점에서 시장의 위험 선호 성향과 일정 수준의 연동성을 가지는 것으로 해석할 수 있습니다.

---

* ESG 전략 자산군이란, 다음 기준을 토대로 투자 포트폴리오에 편입되는 자산군을 뜻합니다.
- E(Environmental): 탄소중립, 재생에너지, 전기차, 탄소배출권
- S(Social): 노동권, 지역사회 기여, 공급망의 인권·책임 등
- G(Governance): 투명한 지배구조, 반부패 등

희토류는 친환경 전환의 필수 소재이기에 ESG 테마 자산군으로 엮이는 경우가 있으나, 아이러니하게도 희토류의 추출과 정제 과정은 오염을 동반하기 때문에 ESG에 부합하지 않는다는 비판도 존재합니다.

희토류는 암호화폐 시장과의 직접적인 연관성은 낮은 편이지만, 넓은 관점에서 보았을 때 희토류 역시 기술 테마 자산군과 함께 '리스크 온' 환경에서 수혜를 보는 구조를 가지고 있다고 볼 수 있습니다. 예를 들어 친환경 정책이 확대되고 기술 혁신이 부각되는 환경에서는 암호화폐, 성장주를 비롯한 위험자산 시장, 그리고 기술 소재 및 원자재 모두가 긍정적 흐름을 보일 수 있습니다. 하지만 희토류는 지정학적 리스크에 영향을 크게 받는 원자재이므로, 지정학 리스크가 극단적으로 높아질 경우 주식시장은 조정되더라도 희토류는 가격이 상승하는 비대칭 흐름을 나타낼 수 있음에 유의할 필요가 있습니다.

결론적으로 희토류는 실물 수급의 제한성과 공급의 독점 현상, 그리고 전략적 가치로 인해 단순한 원자재를 넘어선 전략 자산에 해당합니다. 수요의 성격이 기술 중심적이고, 공급은 정치적 변수에 민감하게 반응하는 만큼 시장 전체를 조망할 수 있는 거시적 관점의 필수 체크 자산으로 활용될 수 있습니다. 특히 커져가는 미-중 패권 다툼에서 중국의 주요 협상 카드로 활용되는 경우가 빈번했기에 희토류의 중요성 역시 점점 커져가고 있는 실정입니다. 어쩌면 희토류에 대한 이해와 희토류 가격 모니터링은 현대 투자자들에게 선택이 아니라 필수라고 해도 과언이 아닐 것입니다.

밀: 정치·기후에 민감한 생존 자원

밀은 가장 기본적인 원자재이지만, 가장 정치적인 원자재이기도 합니다. 빵 한 조각은 때로는 한 국가의 정치와 경제를 좌우하기도 합니다. 즉 밀 가격은 단순히 식량의 문제가 아니라 국가의 안보와 정권의 안정을 가늠하는 바로미터가 되기도 합니다.

밀은 전 세계적으로 가장 널리 소비되는 곡물 중 하나입니다. 빵·파스타·라면·과자 등 가공식품의 기초이자, 가축의 사료 및 바이오에탄올에 이르기까지 널리 사용되는 곡물이며, 식량 자급률이 낮은 나라에게 밀은 어쩌면 생명줄이라고 봐도 무방할 정도입니다. 밀의 세계 최대 생산국은 중국과 인도이지만, 실질적인 글로벌 수출의 주도국은 미국·러시아·캐나다·우크라이나라고 볼 수 있습니다. 중국과 인도는 내수 소비가 압도적으로 크며, 수출을 위한 인프라가 부족하고, 품질 문제가 동반되기 때문에 실질적으로 글로벌 수출을 주도하지는 못하는 실정입니다. 소비는 아시아와 아프리카에 집중되는 경향이 있으며, 특히 중동과 북아프리카는 밀의 거의 대부분을 수입에 의존하고 있기 때문에 밀의 흉작이나 무역 제한은 이들 나라에게 단기간에 식량 위기로 직결되는 경우가 많습니다.

밀 가격이 오르면 단순히 빵 가격만 오르는 것이 아닙니다. 밀은 사람이 직접 먹는 빵, 국수 등의 식량 외에 사료용으로도 사용되어 고기의 가격 역시 올리게 되며, 외식 가격까지 줄줄이 상승하여 결국 소비자물가에 직접적인 압력을 가하게 됩니다. 특히 신흥국처럼 가계 소비에서 식품비 비중이 높은 나라에서는 더 뚜렷하게 물가에 영향을 미치게 됩니다.

밀 등의 곡물 가격은 유가와도 밀접한 연관성을 가지고 있습니다. 곡물은 생산에서부터 저장, 가공, 수출에 이르기까지 모든 과정에서 막대한 에너지를 필요로 하며, 특히 운송비의 상당 부분을 차지하는 원유의 가격은 곡물 유통 비용에 직접적인 영향을 미칩니다. 국제 유가가 상승하면 해상 운임과 트럭 운송비가 함께 오르며, 이는 곡물의 최종 수입 가격에도 반영되기 때문에 유가와 곡물 가격은 자연스럽게 동행하는 경향이 있습니다.

여기에 더해 곡물 간의 상호 대체 관계 역시 중요한 요인입니다. 대표적으로 밀과 옥수수는 여러 산업에서 경쟁 또는 대체 가능한 원재료로 활용되는데, 특히 옥수수는 식량 외에도 사료용, 바이오에너지용 등 다양한 수요처가 존재합니다. 최근 몇 년간 옥수수를 활용한 바이오디젤 수요가 급증하면서 식량용 공급 여력이 줄어들게 되었고, 이로 인해 대체 곡물인 밀의 수요가 상대적으로 늘어나는 현상이 나타났습니다. 이런 식으로 곡물 간에는 '수요 이전' 또는 '가격 연동'이 발생하기 때문에 한 곡물의 가격이 급등하면 다른 곡물 가격에도 영향을 주는 경우가 많습니다.

실제로 밀과 옥수수, 대두 등의 곡물 가격은 서로의 움직임을 선도하거나 뒤따르는 흐름을 보이는 경우가 많고, 이를 바탕으로 투자자들은 곡물 ETF나 선물 시장에서 포트폴리오를 구성할 때 상관관계를 적극 활용하기도 합니다.

요약하자면, 곡물 시장은 유가라는 거시적 변수와 곡물 간 대체 관계라는 미시적 메커니즘이 함께 작동하며 가격을 형성하고, 이를 이해하는 것이 곡물 관련 자산에 투자할 때 중요한 기초 지식이 됩니다.

밀로 대표되는 곡물 시장은 날씨와 전쟁에 매우 민감한 시장이며, 한번 심은 작물을 중간에 갑자기 늘릴 수 없기 때문에 공급 탄력성이 매우 낮은 시장에 해당합니다. 가뭄, 폭우, 혹한과 같은 기상이변은 곡물 생산량에 직접적인 영향을 주며, 주요 생산국의 자국민 보호를 위한 수출 제한은 국제 시장에 큰 충격을 주기도 합니다.

2022년의 러시아-우크라이나 전쟁이 대표적인 사례입니다. 세계 밀 수출량의 30%를 차지하는 두 국가의 전쟁은 글로벌 밀가루 파동을 야기했습니다. 특히 이집트, 터키, 레바논처럼 러시아-우크라이나에 밀의 수입을 대부분 의존하던 국가들은 극심한 물가 상승과 정치 불안을 겪을 수밖에 없었습니다. 러시아-우크라이나 전쟁 이외에도 2008년 유가 급등과 함께 나타난 글로벌 식량 위기 때에도 밀 가격이 두 배 이상 상승하며 전 세계적으로 폭동과 시위가 발생한 적이 있으며, 아이티에서는 정권이 붕괴될 정도로 심각한 사안으로 받아들여졌습니다. 2023년 엘니뇨로 인한 밀 작황 부

■ **밀 선물 가격**

자료: 블룸버그

진 이후 인도 정부는 자국 내 밀가루 물가 안정을 이유로 수출을 제한하였으며, 아시아 및 아프리카의 식량 시장이 혼란에 빠지기도 하였습니다. 이처럼 밀로 대표되는 곡물은 때로는 한 나라의 운명을 좌지우지할 뿐 아니라, 어떤 나라에서는 무기처럼 사용되기도 하는 등 막강한 힘을 가진 원자재에 해당합니다.

밀은 시카고상품거래소(CME)를 포함한 주요 선물거래소에서 직접 선물 거래가 가능하며, 밀을 포함한 곡물 ETF도 많이 존재합니다. 대표적인 곡물 ETF는 WEAT(Teucrium Wheat Fund: 밀 가격 추종), DBA(Invesco DB Agriculture Fund: 밀, 옥수수, 대두 등 주요 곡물

■ 글로벌 밀 재고 현황

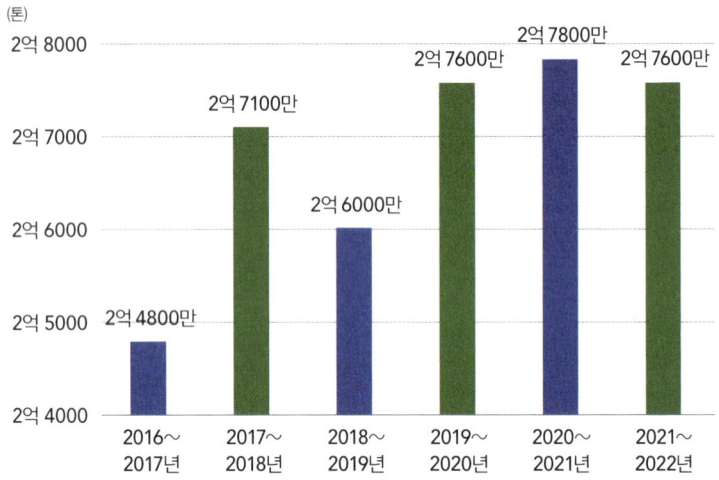

자료: 미 농무부(USDA)

종합), CORN(Teucrium Corn Fund: 옥수수 중심의 ETF) 등이 있으며, 국내에서도 KODEX 농산물 선물 ETF 등의 간접투자 접근이 가능합니다. 이러한 곡물 ETF는 기후 테마주, 식량 위기 관련주, 식량 자립 정책 수혜주와 함께 움직이는 경향이 있으며, 식량 안보와 공급망 이슈가 부각되는 시기에도 정부 정책 수혜 테마주와 동반 상승하는 경우가 많습니다. 밀과 같은 농산물은 천연자원 수급의 테마를 타는 동시에 인플레이션 헤지 수단으로도 기능할 수 있습니다. 다만 실질적으로 금이나 원유만큼 헤지 자산으로 널리 활용되지는 않으며, 테마성 투자의 일부로 간접 활용된다는 점에서 실제

헤지 효율성은 다소 논란이 있습니다.

    곡물 시장은 전통적으로 지정학적 불안이 커질 때 강세를 보이는 경우가 많습니다. 2022년 러시아-우크라이나 전쟁 당시 밀 가격이 배럴당 13달러 이상으로 사상 최고치까지 급등한 사례가 대표적입니다. 곡물은 대표적인 생존 필수재이자 비금융성 실물 자산이기 때문에 리스크 오프 시기에 상대적으로 강세를 보일 가능성이 큰 자산에 해당합니다. 즉 위험 회피 심리가 강해질수록 곡물 등 생존 자산 쪽으로 수급이 몰리는 반면, 위험자산 시장의 경우는 수급 약화가 나타날 수 있는 것입니다.

치과아저씨의 경제지표 특강
원유 가격 변동과 경제 관계의 주요 사례들

역사적으로 원유 시장은 다양한 사건을 거치며 큰 폭의 가격 변동을 보여왔습니다. 대표적인 사례들을 통해 국제 유가가 어떤 변수에 어떻게 반응했는지 살펴보겠습니다.

1. 1973년 1차 오일쇼크

1973년 10월, 중동전쟁이 발발하면서 사우디 등 아랍 산유국들은 이스라엘을 지원한 서방 국가들에 대한 석유 수출을 중단했습니다. 그 여파로 유가는 불과 몇 달 만에 배럴당 3달러에서 12달러 수준으로 4배 가까이 폭등했고, 전 세계는 전례 없는 에너지 위기와 함께 스태그플레이션(물가 상승 + 경기 침체)에 직면하게 됩니다. 이 사건을 계기로 선진국들은 에너지 절약 정책과 전략비축유 제도를 도입하게 되었고, 산유국들의 영향력이 본격적으로 부각되는 전환점이 되었습니다.

2. 2008년 글로벌 금융위기 전후

2000년대 들어 신흥국들의 수요 증가와 투기 자금 유입으로 유가는 꾸준히 상승하다가, 2008년 7월 WTI 가격이 사상 최고치인 147.27달러까지 치솟았습니다. 그러나 미국발 금융위기가 본격화되면서 경기 침체 우려가 커졌고, 유가는 불과 몇 달 만에 30달러대까지 급락하게 됩니다. OPEC+는 감산에 나섰지만, 급격한 수요 붕괴 앞에서는 가격 방어가 어려웠던 사례입니다. 이후 미국의 양적 완화 등 경기 부양책이 시행되면서 유가는 다시 상승세로 전환됩니다.

3. 2020년 코로나19 팬데믹

전 세계적인 봉쇄와 이동 제한으로 경제활동이 멈추자 원유 수요는 순식간에 사라졌습니다. 2020년 4월, WTI 5월물 선물 가격은 사상 처음으로 마이너스(-37.63달러)를 기록하며 충격을 안겼습니다. 이는 저장 공간이 부족한 상황에서 선물 계약을 인수하려는 수요가 사라지자 매도자가 오히려 돈을 얹어주는 역설적인 상황이 벌어진 결과입니다. 이후 각국 정부의 대응과 OPEC+의 대규모 감산 덕분에 시장은 빠르게 안정을 되찾았고, 2021년부터는 유가도 코로나 이전 수준을 회복하게 됩니다.

4. 2022년 러시아-우크라이나 전쟁

2022년 2월, 러시아의 우크라이나 침공은 국제 에너지 시장을 다시 흔들었습니다. 미국과 유럽은 러시아산 원유 수입을 제한하고 가격 상한제를 도입했으며, 러시아도 천연가스 공급 중단 등의 맞대응에 나서면서 전 세계는 공급 불안에 휘말렸습니다. 이때 브렌트유는 한때 배럴당 130달러를 넘어서며 10년 만의 최고치를 기록했고, 휘발유·경유 등 석유 제품 가격도 함께 폭등하며 에너지발 인플레이션이 심화되었습니다. 결국 각국은 전략비축유를 방출하고, 중앙은행은 금리를 급격히 인상하면서 진화에 나섰습니다. 이후 경기 둔화 우려와 중국의 봉쇄 정책 등으로 수요가 꺾이면서 유가는 안정세를 되찾았지만, 에너지 안보와 공급망 변화라는 구조적 이슈는 여전히 이어지고 있습니다.

이처럼 유가는 단기적인 수요와 공급뿐 아니라 전쟁, 금융위기, 감염병, 지정학 갈등 등 다양한 변수에 따라 요동치는 자산입니다. 각 사건은 그 자체로도 중요하지만, 시장과 정책이 어떻게 반응했는지, 그리고 그 여파가 어떻게 이어졌는지를 함께 살펴보는 것이 더 큰 의미를 가집니다.

3장

경제 일정을 따라 정리하는
다양한 경제지표들

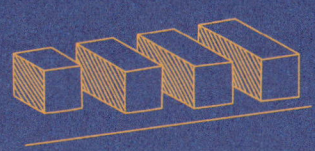
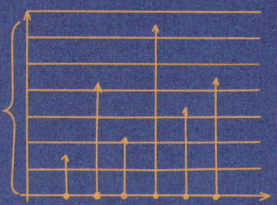

이 장에서는 실전 투자자라면 반드시 알아두어야 하는 주요 거시경제지표들에는 어떤 것들이 있는지 알아보고, 이들 지표가 실제 시장에서 어떤 순서로 발표되는지 정리해보도록 하겠습니다. 거시경제지표는 시장의 흐름을 결정짓는 매우 중요한 역할을 합니다. 이들 지표의 발표 내용과 시점은 전 세계 금융시장의 참여자들이 모두 집중하고 있는 정보입니다. 지표의 결과가 시장의 예상과 다를 경우 금융시장에 커다란 변동성을 불러일으킬 수 있기 때문에 투자자들은 미리 어떤 지표들이 발표되는지 일정표를 숙지하고 있어야 합니다.

주요 거시경제지표는 대부분 세계 경제를 주도하는 기축통화국인 미국의 지표가 중심이 됩니다. 물론 중국, 영국, 유로존, 일본과 같은 주요 경제권에서도 다양한 지표들이 발표되고 있으며, 때로는 특정 국가에서 나타나는 급격한 경제 변화가 글로벌 시장 전체에 파급효과를 줄 수도 있습니다. 하지만 일반적으로 미국에서 발표되는 지표들이 가장 강력한 영향력을 가지며, 글로벌 금융시장의 주요 흐름을 형성하는 기준이 됩니다. 따라서 특별한 이슈가 없는 한 투자자들은 주로 미국의 거시경제지표를 참고하여 시장의 방향성을 판단하게 됩니다.

미국의 경제지표는 대체로 주간, 월간, 분기별의 단위로 나누어 발표되고 있습니다. 주간 단위로 발표되는 지표는 주로 노동시장과 에너지 시장의 단기적인 변화를 신속하게 보여주는 지표들이 포함됩니다. 대표적으로 신규 실업수당 청구 건수가 있으며, 이는 미국의 고용시장 상황을 실시간에 가깝게 알려줍니다. 또한 원유 재고가 매주 발표되어 에너지 시장의 수급 변화를 투자자들이 빠르게 파악할 수 있도록 돕습니다.

월간 단위로 발표되는 지표들은 그 수와 중요성이 가장 많고 큽니다. 월간 경제지표들은 미국 경제의 전반적인 체력을 측정할 수 있는 필수적인 정보이며, 특히 연방준비제도의 금리 결정에 직접적으로 영향을 미치기 때문에 시장 참여자들이 집중하는 대상이 됩니다. 월간 발표 지표에는 소비자물가지수(CPI), 근원 소비자물가지수(Core CPI), 생산자물가지수(PPI), 근원 생산자물가지수(Core PPI), 개인소비지출물가지수(PCE), 근원 개인소비지출물가지수(Core PCE)와 같은 인플레이션 관련 지표들이 포함되어 있으며, 이러한 지표들은 중앙은행이 정책 금리를 결정할 때 가장 중요하게 고려하는 요소들입니다.

이외에도 월간으로 발표되는 고용 보고서, 즉 비농업 부문 고용지수(Nonfarm Payrolls), 평균 시간당 임금 변화, 실업률 등도 매우 중요한 지표입니다. 특히 노동시장이 경제활동의 핵심이기 때문에 미국의 노동시장 상황을 종합적으로 보여주는 이 보고서의 발표 시점에는 전 세계 투자자들이 주목하게 됩니다. 이와 함께 노동부에서 발표하는 JOLTs(구인 이직 보고서), 민간 기관인 ADP에서 발표하는 비농업 부문 고용 변화 역시 고용시장과 경제 전반의 동향을 가늠하는 중요한 자료로 활용됩니다.

특히 월간 지표 발표 중에서는 연방공개시장위원회(FOMC)의 금리 결정 회의와 회의 종료 후 공개되는 FOMC 의사록이 매우 중요합니다. FOMC에서 결정하는 기준 금리는 전 세계 금융시장에 즉각적인 영향을 주며, FOMC 의사록은 향후 금리 인상 또는 인하 가능성에 대한 단서를 제공하기 때문에 투자자들의 관심이 집중됩니다.

분기별로 발표되는 지표로는 대표적으로 국내총생산(GDP)과 FOMC의 금리 전망을 나타내는 점도표(Dot Plot)가 있습니다. GDP는 국가 경제가 실제로 얼마나 성장하고 있는지를 보여주는 가장 포괄적인 지표로, 경제의 현재 상태를 명확하게 나타내며 투자자들에게 경제성장률과 경기 흐름에 대한 실질적인 판단 기준을 제공합니다. 또한 분기마다 연준 위원들이 향후 기준 금리 전망을 표시하는 점도표는 중앙은행의 정책 방향성을 예측하는 데 있어서 가장 중요한 지표로 작용합니다.

	경기지표	물가지표	고용지표	금리
주간	원유재고	–	신규 실업수당 청구 건수	–
월간	ISM/S&P Global 제조업&비제조업 지수	소비자물가지수 (CPI) 근원 소비자물가지수 (Core CPI) 생산자물가지수 (PPI) 근원 생산자물가지수 (Core PPI) 개인소비지출물가지수 (PCE) 근원 개인소비지출물가지수 (Core PCE)	고용보고서 (비농업 고용지수, 평균 시간당 임금 변화, 실업률) 노동부 JOLTs (구인 이직 보고서) ADP 비농업 부문 고용 변화	FOMC FOMC 의사록
분기	GDP	–	–	점도표

01

주간 단위 지표:
시장을 빠르게 읽는 실전 투자자들의 무기

신규 실업수당 청구 건수 (고용)

신규 실업수당 청구 건수는 한국 시간 기준으로 매주 목요일 밤에 발표되며, 해당 지표는 직장을 잃은 근로자들이 처음으로 실업수당 신청을 한 건수를 집계하여 발표하는 자료입니다. 이는 미국 고용시장 상황을 가장 신속하고 직접적으로 보여주는 지표 중 하나로, 주간 단위로 시장의 변화를 추적할 수 있는 고용시장의 '단기 온도계' 역할을 합니다. 이 수치가 낮다는 것은 일자리를 잃는 사람들이 적어 고용시장이 견고하다는 의미이며, 반대로 숫자가 증가할수록 노동시장이 악화되어 가고 있다는 신호로 해석됩니다. 특히 예상보다 수치가 급격히 높아지면 고용시장에 갑작스러운 충격이 발생했음을 나타내고, 이는 소비 둔화, 기업 실적 악화 등으로 이어질 수 있어 시장은 즉각적으로 반응합니다. 해당 지표는 연방준비제도가 향후 통화정책을 결정할 때 참고하는 여러 데이터 중 하나이며, 이 숫자가 연속적으로 높아지는 추세를 보인다면 연준이 경기 부양을 위해 금리를 인하하는 등의 완화적 통화정책을 고려할 가능성이 높아질 수도 있습니다. 반대로 지속적으로 낮아진다면 금리 인상이나 긴축적 정책이 유지될 가능성이 큽니다. 따라서 신규 실업수당 청구 건수는 주간 단위 발표 자료임에도 불구하고 투자자들이 꾸준히 관심을 가지고 지켜봐야 할 중요한 경제지표로 인식됩니다. 이 지표는 미국 노동부(U.S. Department of Labor)에서 발표합니다.

원유재고(경기)

원유재고 지표는 한국 시간 기준 매주 수요일 밤에 발표되며, 미국 내에서 보관 중인 상업용 원유 재고량의 주간 변화량을 나타냅니다. 이 지표는 원유 시장에서의 공급과 수요의 균형 상태를 직접적으로 보여주며, 글로벌 경제의 경기 흐름을 이해하는 데 중요한 자료로 사용됩니다. 일반적으로 원유재고가 증가하면 원유 수요 대비 공급이 많다는 뜻으로 해석되어 경기 둔화나 수요 약세의 신호로 받아들여질 수 있으며, 이는 유가 하락의 압력으로 작용합니다. 반면 원유재고가 감소하는 경우는 원유 수요가 활발히 증가하거나 공급이 예상치 못하게 축소된 상황을 반영하기 때문에 유가 상승 요인으로 작용할 가능성이 높습니다. 원유 시장은 제조업, 운송업, 화학 산업 등 다양한 산업에 광범위하게 영향을 미치기 때문에 이 지표는 주식시장뿐 아니라 채권, 외환시장에도 영향을 줄 수 있습니다. 특히 에너지 가격 변화는 미국 내 소비자물가와 생산자물가에도 큰 영향을 미치므로 원유재고의 변화는 결과적으로 연방준비제도의 인플레이션 관리 정책 결정에까지 영향을 줄 수 있는 중요한 지표입니다. 더 나아가 원유재고 지표가 발표될 때 원유시장 및 관련 선물시장에서는 높은 변동성이 자주 나타나기 때문에, 트레이더들은 이 지표를 주간 투자 전략을 결정하는 데 매우 중요하게 활용합니다. 해당 지표는 미국 에너지정보청(U.S. Energy Information Administration, EIA)에서 발표합니다.

월간 단위 지표: 흐름을 읽고 추세를 잡는 경제의 맥박

소비자물가지수(물가)

소비자물가지수(Consumer Price Index, CPI)는 통상 매월 둘째 주에 발표되는 대표적인 물가지표로서, 일반 소비자들이 구매하는 상품과 서비스의 가격 변동을 종합적으로 측정한 지표입니다. 식품, 에너지, 주거비, 교통비 등 소비자가 실제로 일상생활에서 체감하는 다양한 품목의 가격 변화를 포함하며, 소비자 생활에 가장 밀접한 물가지표로 간주됩니다. 또한 이 지표는 월간 단위로 발표되는 여러 물가지표 중 가장 먼저 발표되기 때문에 시장의 민감도가 매우 높은 편입니다. 발표된 수치가 시장의 예상치와 큰 차이를 보일 경우, 주식과 채권 시장을 비롯한 전체 금융시장에 급격한 변동성을 초래하기도 합니다. 따라서 투자자들은 CPI 발표일 전에 미리 포지션을 조정하거나 대비하는 등 전략적인 접근이 필요합니다. 이 지표는 미국 노동부 산하 노동통계국(Bureau of Labor Statistics, BLS)에서 발표합니다.

근원 소비자물가지수(물가)

근원 소비자물가지수(Core Consumer Price Index, Core CPI)는 기본 소비자물가지수에서 식료품과 에너지와 같이 가격 변동성이 큰 항목들을 제외한 물가지표로, 소비자의 구조적인 물가 추세를 보여주는 보다 안정적인 지표로 사용됩니다. 근원 CPI에서 가장 큰 비중을 차지하는 항목은 주거비로, 주거비의 변화는 물가의 장기적인 추세를 파악하는 데 핵심적인 역할을 합니다. 근원 CPI가 지속적으로 높은 수준을 유지할 경우 인플레이션 압력이 장기화될 가능성이 높다는 신호로 받아들여집니다. 미국 노동부 산하 노동통계국(BLS)에서 발표합니다.

생산자물가지수(물가)

생산자물가지수(Producer Price Index, PPI)는 통상 매월 둘째 주에 소비자물가지수 발표 이후 발표되며, 기업과 같은 생산자들이 판매하는 상품과 서비스의 도매가격 변동을 측정합니다. 생산 단계에서의 물가를 측정하므로 소비자물가지수(CPI)의 선행지표로 자주 해석되며, 원자재 가격 상승이나 공급망 이슈 등을 가장 먼저 반영하여 나타내는 경향이 있습니다. 따라서 이 지표가 높게 나타나면 앞으로 소비자물가도 상승할 가능성이 크다는 신호로 받아들여지며, 연준의 긴축 정책을 예상하게 만들어 금융시장에 영향을 미칠 수 있습니다. 미국 노동부 산하 노동통계국(BLS)에서 발표합니다.

근원 생산자물가지수(물가)

근원 생산자물가지수(Core Producer Price Index, Core PPI)는 기본 생산자물가지수에서 식료품과 에너지와 같은 가격 변동성이 큰 품목을 제외하여 산출한 지표입니다. 이를 통해 보다 장기적인 관점에서 생산자 측면의 물가 추세를 관찰할 수 있습니다. 근원 PPI는 생산 비용의 구조적 변화를 나타내며, 기업들의 원가 압력과 장기적인 인플레이션의 방향을 파악하는 데 도움을 줍니다. 미국 노동부 산하 노동통계국(BLS)에서 발표합니다.

개인소비지출물가지수(물가)

개인소비지출물가지수(Personal Consumption Expenditure, PCE)는 매월 마지막 주에 발표되는 지표로, 소비자가 실제로 지출한 모든 상품과 서비스의 총가격 변동을 나타내는 매우 중요한 물가지표입니다. 소비자가 지출한 금액을 기반으로 측정하기 때문에 실제 소비자의 경제적 부담을 가장 정확하게 반영하며, 연방준비제도가 통화정책 결정 시 가장 신뢰하는 지표입니다. 특히 소비자물가지수(CPI)에 비해 더 광범위한 품목을 포함하며 소비 패턴 변화를 실시간으로 반영하는 장점이 있습니다. 미국 상무부 경제분석국(BEA)에서 발표합니다.

근원 개인소비지출물가지수(물가)

근원 개인소비지출 물가지수(Core Personal Consumption Expenditure, Core PCE)는 PCE에서 식료품과 에너지와 같은 변동성이 높은 항목을 제외한 지표로, 연준이 금리 결정과 관련된 정책을 수립할 때 가장 중요하게 참고하는 물가지표입니다. Core PCE의 움직임은 미국 연준의 인플레이션 판단과 정책 방향성 결정에 핵심적인 역할을 하기 때문에 금융시장 참여자들이 가장 민감하게 주시하는 지표 중 하나입니다.

고용보고서(고용)

고용보고서(비농업 고용지수, 평균 시간당 임금 변화, 실업률)는 일반적으로 매월 첫째 주 금요일에 발표되는 가장 중요한 고용지표로, 미국의 전반적인 고용시장 상황을 포괄적으로 담고 있습니다. 고용보고서는 고용지표 중 가장 늦게 발표된다는 특징이 있습니다. 비농업 부문 일자리 증가 수(비농업 고용지수), 평균 시간당 임금 변화,

실업률이 포함되어 있으며, 고용의 질적 변화와 양적 변화를 동시에 분석할 수 있는 자료입니다. 특히 시장이 예민하게 반응하는 지표이며, 발표 결과가 예상치를 크게 벗어나면 연준의 통화정책 결정에 직접적인 영향을 주어 금융시장 전체의 변동성을 높이게 됩니다. 미국 노동부 산하 노동통계국(BLS)에서 발표합니다.

노동부 JOLTs(고용)

JOLTs(구인 이직 보고서)는 매월 첫째 주 초에 발표되는 지표로, 고용지표 중 가장 먼저 발표되는 지표입니다. 미국 내 기업들의 채용 수요, 이직, 해고 등을 통해 노동시장의 흐름을 보여주는 고용지표이며, 미국 노동부 산하 노동통계국(BLS)에서 발표합니다. JOLTs 보고서는 같은 달에 발표되는 고용보고서 대비 1달 이전의 수치가 발표된다는 특징이 있습니다. 예를 들어 12월 첫째 주에 발표된 JOLTs는 10월의 데이터를 발표하고 고용보고서는 11월의 데이터를 발표합니다. 따라서 시장의 실시간 반응은 조금 약한 경향을 보입니다.

ADP 비농업 부문 고용 변화(고용)

통상 매월 첫째 주 초에 발표되며, 고용지표 중 JOLTs와 고용보고서 사이에 발표합니다. ADP(Automatic Data Processing)라는 급여 데이터 처리 회사에서 발표하는 민간 기업 고용 상황 지표로,

공식 고용보고서보다 앞서 발표되기 때문에 시장의 예측에 참고 자료로 활용됩니다. 하지만 민간 기업의 데이터만을 다루기 때문에 공공 부문을 포함하는 공식 보고서와는 다소 차이가 있으며, 간혹 실제 고용보고서와 큰 차이를 보일 수 있어 참고 시 유의가 필요합니다.

FOMC 회의(정책)

FOMC(Federal Open Market Committee)는 미국의 통화정책과 기준 금리를 결정하는 회의체로, 매 회의 직후 기준 금리와 성명서를 발표합니다. 미국의 연방준비제도는 연 2% 수준의 목표 인플레이션율을 유지하는 '물가 안정'과 인플레이션을 유발하지 않는 완전고용 수준을 목표로 하는 '최대 고용'의 두 가지 목표를 달성하기 위해 노력합니다. FOMC 이후 물가, 고용, 성장률에 대한 전망도 발표되므로 시장에 지대한 영향을 미칩니다. 또한 성명서 발표 이후 기자단과 질의응답 시간을 가지는데 이 질의응답을 통해 연준의 통화정책 방향성을 예측할 수 있습니다.

FOMC 의사록(정책)

FOMC 회의 직후 발표되는 성명서 및 질의응답은 연준 의장만이 연자로 나서게 됩니다. 연준 의장의 영향력이 가장 큰 것은 맞지만 기본적으로 연준의 정책 결정은 회의와 투표로 이루어지기에 연준 위원 전체의 생각을 아는 것은 매우 중요하며, 의사록은 위원들의 발언과 내부 분위기가 기록되어 있어 향후 통화정책의 방향성을 판단하는 데 매우 큰 도움을 줍니다.

03

분기 단위 지표:
거시경제와 실물경제의 연결 고리

GDP(경기)

GDP(Gross Domestic Product, 국내총생산)는 한 나라 경제의 전체적인 건강 상태와 성장 속도를 가장 포괄적으로 보여주는 대표적인 경제지표입니다. 쉽게 말해 미국의 GDP는 일정 기간 동안 미국 영토 내에서 생산된 모든 재화와 서비스의 가치를 합한 것으로, 미국의 경제 규모와 생산성을 직접적으로 나타냅니다. GDP의 변화율은 경제성장률로 표현되며, 이 성장률 수치가 높게 나타난다면 경제가 활발히 성장하고 있다는 뜻으로 받아들여지고, 반대로 낮게 나타나거나 마이너스 성장을 기록하면 경제가 침체 또는 불황으로 가고 있다는 신호로 해석됩니다.

미국의 GDP는 매 분기별로 세 차례에 걸쳐 발표되는데, 첫 번째로 발표되는 '속보치(advance estimate)'는 해당 분기의 경제 성장에 대한 최초의 수치이기 때문에 시장에서 가장 큰 관심과 반응을 불러일으킵니다. 속보치 발표 이후 약 한 달 뒤에 발표되는 '수정치(preliminary estimate)'와 그다음 달에 나오는 '확정치(final estimate)'는 속보치를 보완하고 정확도를 높이는 역할을 하지만 시장 반응은 최초 발표인 속보치에 비해 상대적으로 약한 편입니다.

이러한 GDP 지표는 통상적으로 2% 내외의 성장률을 기준으로 삼아 미국 경제가 정상적이고 안정적인 상태로 성장하고 있는지, 아니면 과열 혹은 침체의 우려가 있는지를 판단하게 됩니다. 특히 GDP 성장률이 예상치를 크게 벗어날 경우 금융시장에서는 연방준비제도의 통화정책 변화 가능성을 예측하게 됩니다. 성장률이 예상보다 훨씬 높다면 연준이 경기 과열 방지를 위해 금리를 인상하거나 긴축 정책을 펼칠 가능성이 높아지며, 반대로 성장률이 예상보다 낮다면 경기 부양을 위한 금리 인하 또는 완화적 정책이 예상될 수 있습니다.

투자자들은 GDP 속보치가 발표되는 시기를 특히 유의하여 관찰해야 하며, 발표 시점에 금융시장 전체에서 변동성이 높아지는 경우가 많기 때문에 포지션 관리와 리스크 관리에 특별한 주의를 기울여야 합니다. GDP 지표는 미국 상무부 산하 경제분석국(Bureau of Economic Analysis, BEA)에서 발표합니다.

FOMC 점도표

FOMC 점도표(Federal Open Market Committee Dot Plot)는 연방준비제도의 금리 결정 기구인 연방공개시장위원회(FOMC)에 소속된 위원 개개인이 예상하는 미래의 기준 금리 수준을 점(dot)으로 표현한 도표로, 1년에 4번, 매 분기별 FOMC 회의(3월, 6월, 9월, 12월)에서 발표됩니다.

이 점도표는 개별 위원들이 생각하는 연말 금리 수준을 개별적으로 익명으로 표시한 것이기 때문에, 연준 내부의 정책적 견해와 향후 금리 방향에 대한 위원들의 입장을 가장 직관적으로 드러내는 자료입니다. 점도표는 단순히 현재의 금리 수준이 아닌, 향후 수년간의 금리 경로까지 제시하기 때문에 시장의 관심이 매우 집중되며, 시장 참여자들이 연준의 정책 방향을 예측하고 투자 전략을 세우는 데 필수적인 도구로 자리 잡고 있습니다.

시장에서는 점도표가 발표될 때마다 이전에 발표된 점도표와의 차이점, 즉 개별 위원들이 금리 전망을 상향하거나 하향 조정했는지 여부를 분석하는 데 초점을 맞춥니다. 위원들의 금리 전망이 전반적으로 상향 조정될 경우 시장은 연준의 긴축 기조가 강화될 것으로 예상하여 주식시장과 같은 위험자산에는 부정적인 영향을, 달러화나 채권시장 등 안전자산에는 긍정적인 영향을 미칠 가능성이 높습니다. 반대로 위원들이 전망치를 하향 조정하는 경우 연준이 향후 금리를 덜 올리거나, 심지어 내릴 가능성을 시사하는 것으로 받아들여져 위험자산에는 긍정적 영향을 미칠 수 있습니다.

특히 점도표가 발표되는 FOMC 회의에서는 기준 금리 결정뿐만 아니라 물가 전망, 고용률 전망, GDP 성장률 전망 등 경제 전망도 함께 발표되기 때문에 점도표와 함께 이들 지표의 변화 역시 시장에 큰 영향을 주게 됩니다. 따라서 투자자들은 FOMC 점도표의 발표일 전후로 금융시장에 나타날 수 있는 변동성에 미리 대비하고, 발표되는 자료의 세부적인 변화까지 꼼꼼히 분석할 필요가 있습니다.

FOMC 점도표는 시장 참여자들에게 중앙은행의 정책 방향을 미리 알 수 있는 가장 유용한 지표 중 하나로 인정받고 있으며, 투자자들의 필수적인 참고자료로 널리 활용되고 있습니다. 다음 파트에서 점도표 해석법에 대해 자세히 다룹니다.

04

꼭 알아두어야 하는 경제지표들의 특징

Good is Good vs. Bad is Good

　시장이 경제지표를 받아들이는 방식은 때에 따라 매우 직관적이기도 하고, 때로는 오히려 비상식적인 것처럼 느껴지기도 합니다. 이를 명쾌하게 설명하는 두 가지 표현이 바로 'Good is Good'과 'Bad is Good'입니다.

　먼저 'Good is Good'은 경제지표가 양호하게 나타날 때 시장이 직관적으로 긍정적인 반응을 보이는 상황을 의미합니다. 이는 경기 또는 고용과 관련된 주요 경제지표가 강세를 유지하거나 개선되는 방향으로 발표되었을 때, 투자자들이 이를 정상적이고 바람직한 현상으로 받아들이고 금융시장 또한 긍정적으로 움직이는 경우입니다. 예를 들어 GDP 성장률이 예상보다 높게 발표되거나 고용보고서에서 실업률이 예상보다 더 낮게 나타나면, 투자자들은 경제가 잘 돌아가고 있음을 확인하게 되어 투자 심리가 개선되고 주식시장은 상승세를 보이게 됩니다. 이는 경제와 시장의 흐름이 같은 방향으로 움직인다는 점에서 매우 직관적이고 상식적인 반응이라고 할 수 있습니다. 대부분의 평온하고 안정된 경제 환경에서는 시장이 이러한 방식으로 반응합니다.

반면 직관적으로 쉽게 이해하기 힘든 상황이 바로 'Bad is Good'입니다. 이것은 경제지표가 예상보다 나쁘게 나왔음에도 불구하고 시장이 오히려 긍정적으로 반응하는 상황을 의미합니다. 이는 시장 참가자들이 경제지표의 악화가 곧 중앙은행의 통화정책 완화나 경기 부양책을 유발할 것이라는 기대를 갖게 될 때 나타납니다. 예를 들어 예상보다 높은 실업률, 낮아진 GDP 성장률, 소비자 지출의 감소와 같은 지표들이 발표되면, 상식적으로는 시장이 부정적으로 반응해야 하지만 투자자들은 이를 중앙은행이 더 이상 금리를 올리기 어렵거나, 오히려 금리를 내릴 가능성을 시사하는 신호로 받아들이게 되는 것입니다.

특히 Bad is Good 현상은 통화정책이 긴축적이고 금리 인상이 가파르게 이루어질 때 자주 나타납니다. 가장 대표적으로는 최근 2022년의 사례를 예시로 들 수 있습니다. 당시 미국 연방준비제도는 급격한 인플레이션 압력으로 인해 역사상 유례없이 빠른 속도로 금리를 인상했습니다. 이에 따라 경기 둔화 우려가 높아졌고, 이후 발표되는 경제지표들은 하나둘씩 악화되기 시작했습니다. 그러나 시장은 지표가 나빠질수록 오히려 긍정적인 기대감을 품고 반등하는 경우가 많았습니다. 즉 경제지표 악화가 연준의 강력한 긴축 정책을 멈추거나 금리 인상 폭을 줄일 신호라고 생각했기 때문입니다. 경제지표 악화가 오히려 시장에 긍정적인 신호로 작용하는 역설적인 상황이 나타난 것입니다.

이처럼 Good is Good과 Bad is Good은 단순한 경제지표의 좋고 나쁨을 넘어, 시장 참여자들이 경제의 흐름과 통화정책의 방향을 어떻게 바라보고 있는지를 나타내는 매우 중요한 개념입니다. 투자자들은 경제지표 발표 이후의 시장 반응을 관찰할 때 항상 이 두 가지 관점에서 접근하며, 이를 통해 중앙은행의 정책 의도나 시장 심리, 그리고 경제 상황에 대한 전망을 보다 명확하게 이해할 수 있습니다. 따라서 이 두 가지 표현을 명확히 숙지하고 경제지표가 발표될 때마다 시장이 어떤 관점에서 반응하는지 꼼꼼히 관찰하는 습관을 기르는 것이 매우 중요합니다.

CPI와 PCE의 차이

생산자물가지수(PPI)가 다른 물가지수들과는 조사 대상과 성격 면에서 확연히 구분된다는 점은 쉽게 체감할 수 있지만, 소비자물가지수(CPI)와 개인소비지출물가지수(PCE)는 실제로 어떻게 다

■ **닮은 듯 다른 CPI와 PCE**

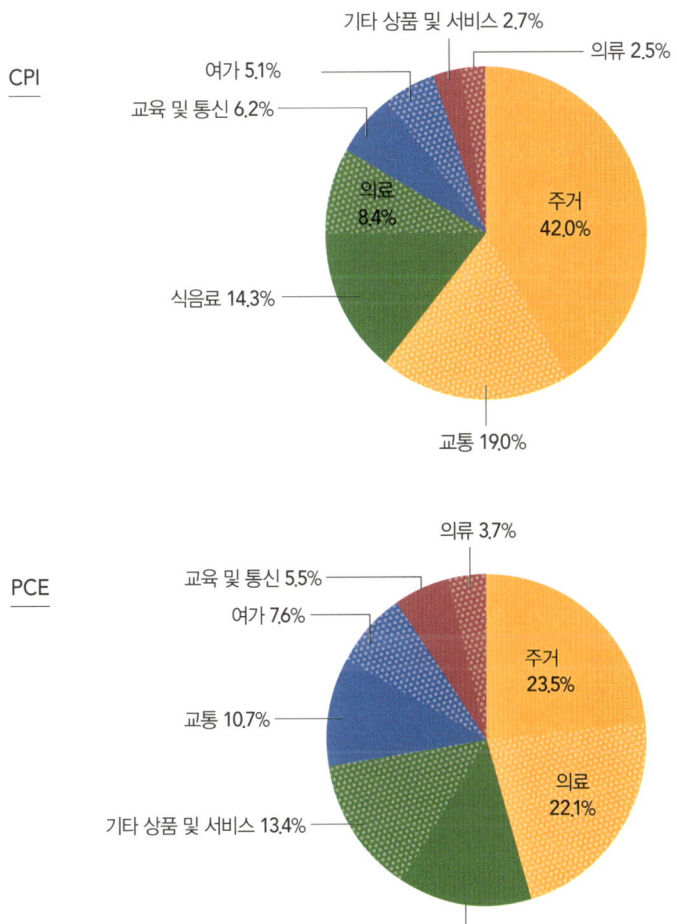

른지 구분하기 쉽지 않을 수 있습니다. 많은 투자자들 역시 CPI와 PCE가 단순히 조사 및 발표하는 기관만 다른 비슷한 지표라고 생각하기 쉽지만, 실제로 두 지표는 생각보다 중요한 차이점들을 가

지고 있습니다.

먼저 CPI와 PCE는 물가를 바라보는 관점 자체가 서로 다릅니다. CPI는 기본적으로 소비자가 직접적으로 지출한 비용에 초점을 맞추어 물가 변화를 측정하는 지표입니다. 즉 소비자가 매장에서 실제로 결제한 상품과 서비스의 가격 변화를 중심으로 물가를 산정하게 됩니다. 반면 PCE는 개별 소비자뿐 아니라 경제 전체 입장에서 상품과 서비스에 지출된 비용의 총액이 어떻게 변화했는지를 보다 포괄적으로 측정하는 개념입니다. 따라서 PCE는 개인이 직접 지출한 비용뿐 아니라 기업이나 정부가 개인을 대신해 지불한 비용까지 포함한 전체적인 경제적 관점의 물가를 반영합니다.

이 차이를 의료비 항목을 예로 들어 좀 더 쉽게 살펴보겠습니다. 만약 소비자가 병원에서 진료를 받은 후 본인이 직접 5000원을 지불하고 건강보험공단이 추가로 1만 원을 병원에 지불했다고 가정할 때, CPI에서는 소비자가 실제 부담한 5000원만 물가로 반영됩니다. 하지만 PCE는 소비자 본인이 부담한 비용 5000원에 공공기관에서 대신 부담한 비용 1만 원을 합한 총액인 1만 5000원을 물가 측정 기준으로 삼습니다. 따라서 CPI는 소비자 개개인이 체감하는 실제 부담 정도를 나타내고, PCE는 국가 전체적인 관점에서의 물가 부담 수준을 더 포괄적으로 반영한다고 볼 수 있습니다.

두 번째 차이는 조사 방식에서 나타납니다. CPI의 경우는 주로 소비자 대상 설문조사와 실제 소매점이나 매장 가격을 직접 조사하여 산정합니다. 다만 조사 대상이 도시 지역의 소비자로 제한된다는 특징이 있어, 전체 국가의 소비 패턴을 대표하기에는 일부 한계가 있을 수 있습니다. 하지만 PCE는 실제 기업과 가계 간의 거래 기록 및 매출 자료 등 보다 객관적이고 정확한 거래 데이터를 기반으로 산출하며, 미국 전역의 모든 소비자를 포괄적으로 반영한다는 점에서 조사 범위가 CPI에 비해 더 넓고 객관적이라고 할 수 있습니다.

세 번째 중요한 차이는 지수 산정 시 구성 요소의 비중 및 가중치를 얼마나 자주 조정하는가 하는 점입니다. CPI는 통상적으로 1~2년에 한 번씩 구성 항목과 각 항목의 가중치를 점검하고 조정합니다. 따라서 CPI의 가중치는 일정 기간 고정되어 있어서 최근 소비자 소비 패턴의 급격한 변화를 즉각적으로 반영하기는 어렵습니다. 이에 비해 PCE는 매 분기마다 각 품목의 소비 비중과 가중치를 조정하여 소비 패턴의 변화를 훨씬 더 신속하고 정확하게 반영할 수 있는 장점이 있습니다.

마지막으로 구성 항목에서의 비중 차이 역시 두 지표를 구분하는 중요한 요소입니다. CPI와 PCE 모두 주거비가 가장 큰 비중을 차지하는 항목으로 포함되어 있으나, CPI의 경우 주거비가 상대적으로 큰 비중을 차지하고 있어 주거 시장의 변동이 CPI에 미치는 영향이 큽니다. 반면 PCE에서도 주거비는 중요한 항목이지만 CPI에 비해서는 그 비중이 상대적으로 적으며, 의료비를 포함한 다른 항목들이 보다 큰 비중을 차지하고 있습니다. 이러한 구성 항목의 차이는 결과적으로 두 지표의 변동 양상과 속도를 다르게 만드는 원인이 되기도 합니다.

정리하자면, 소비자들이 실제 생활에서 피부로 체감하는 물가와 가장 가까운 지표는 CPI이고, 경제 전반의 물가 추세를 보다 객관적이고 정확하게 반영하는 지표는 PCE라고 결론지을 수 있습니다. 이러한 이유로 오직 PCE만이 중요하다고 생각할 수도 있지만, 매우 흥미로운 점은 같은 달의 CPI가 PCE보다 먼저 발표된다는 사실입니다. 따라서 투자자들은 CPI가 먼저 발표되며 시장의 민감한 반응을 유발한다는 점을 꼭 기억해야 합니다. 따라서 CPI의 결과는 종종 이후 발표되는 PCE의 움직임을 미리 예상할 수 있는 선행지표의 역할을 하기도 합니다. 이러한 특성을 이해하고 CPI와 PCE의 발표 시점을 전략적으로 활용한다면, 시장의 반응과 연준의 정책 대응까지 보다 정밀하게 예측할 수 있을 것입니다.

PPI가 CPI를 선행하는 이유

같은 달의 생산자물가지수(PPI)는 보통 소비자물가지수(CPI)보다 며칠 늦게 발표되는 경우가 많습니다. 그럼에도 불구하고 시장 참가자들과 투자자들 사이에서 PPI가 CPI의 선행지표로 널리 해석되는 데에는 분명한 이유가 존재합니다. 실제로 PPI가 CPI에 미치는 선행적인 영향력은 짧게는 1~2개월, 길게는 1~2분기까지 지속되기도 합니다. 그렇다면 왜 생산자물가지수가 소비자물가지수에 앞서 움직이는 선행적 성격을 가지고 있을까요? 이에 대한 이해를 돕기 위해 생산과 소비 사이에 존재하는 가격 전이의 과정을 보다 구체적으로 살펴보겠습니다.

기업이 상품이나 서비스를 생산하는 과정에서는 원자재, 부품, 인건비, 에너지 비용 등 수많은 투입 비용이 발생합니다. 생산자물가지수는 바로 이러한 생산 과정에서 발생하는 비용의 평균적인 변화를 측정하는 지표입니다. 따라서 PPI의 상승은 일반적으로 기업이 부담하는 생산 비용이 증가하고 있음을 나타내며, 반대로 PPI가 하락한다면 기업의 생산 비용 부담이 줄어들고 있다는 의미로 볼 수 있습니다.

기업이 생산 단계에서 비용 증가에 직면하면, 기업은 단기적으로 마진을 유지하기 위해 생산 비용의 상승분을 소비자에게 전가하는 전략을 취하게 됩니다. 하지만 이 생산 비용의 상승분이 즉시 소비자물가에 반영되는 것은 아닙니다. 기업들은 소비자의 구매력, 경쟁 업체와의 가격 경쟁, 시장 수요 등의 여러 요인을 고려하여 생산 비용 상승분을 단계적으로 또는 시차를 두고 최종 소비 가격에 반영하게 됩니다. 이러한 과정을 통해 생산 단계의 가격 상승이 소비자 단계의 가격 상승으로 이어지는 데 일정한 시간이 걸리게 되며, 이 시차가 PPI를 CPI의 선행지표로 만드는 주요한 이유입니다.

예를 들어 원자재 가격이 상승할 경우를 생각해보겠습니다. 기업은 원자재 가격 상승으로 인해 생산 비용이 증가하게 됩니다. 당장은 기업들이 자체적으로 흡수하거나 기존 재고를 활용하여 소비자에게 전가하지 않을 수도 있습니다. 하지만 지속적으로 원자재 가격이 상승하거나 높은 수준에서 유지되면 결국 기업은 마진 압박을 견디기 어려워지고, 어느 시점부터 소비자가 지불하는 최종 가격에 상승된 비용을 반영할 수밖에 없습니다. 흔히 우리가 반쯤 농담처럼 이야기하는, "돼지고기 가격이 내려갈 때는 고깃집 메뉴 가격이 그대로이지만, 돼지고기 가격이 오를 때는 고깃집 가격이 즉시 오른다"는 상황을 떠올려보면 더욱 명확히 이해할 수 있을 것입니다. 실제 현실에서도 생산 비용이 오르면 기업들은 가격 인상에 민감하게 반응하여 빠르게 소비자 가격을 높이지만, 생산 비용이 낮아질 때는 소비자 가격 인하에 다소 둔감한 경향이 있습니다. 이러한 비대칭적 현상은 PPI가 CPI를 선행하는 데 있어 보다 뚜렷한 신호를 제공합니다.

또한 기업의 가격 책정 과정 역시 PPI가 CPI를 선행하는 이유로 설명할 수 있습니다. 많은 기업들은 생산 비용이 지속적으로 상승하면 예상 가능한 비용 상승분을 미리 소비자 가격에 반영하려는 전략을 취합니다. 기업들이 미래에 추가적인 생산 비용 상승 압력을 미리 대비해 소비자 가격을 단계적으로 인상하기 시작한다면, 이는 자연스럽게 소비자물가지수(CPI)에 영향을 주는 것입니다. 따라서 생산 비용 상승은 일정한 시차를 두고 소비자의 지출 부담으로 나타나게 되며, 결국 CPI의 상승으로 이어지게 됩니다.

이러한 과정 때문에 투자자들은 생산자물가지수의 상승을 향후 소비자물가지수 상승의 신호로 인식하는 경향이 큽니다. 특히 PPI가 지속적인 상승 추세를 보일 경우 이후 몇 개월 뒤에는 CPI 역시 같은 방향으로 움직일 가능성이 매우 높아지게 되며, 금융시장에서도 이를 근거로 금리 인상 여부나 중앙은행의 정책 기조를 예측하는 데 중요한 단서로 활용합니다.

결과적으로 PPI와 CPI 사이의 선후 관계와 시차는 경제 분석과 투자 전략 수립에서 매우 중요하게 활용됩니다. 투자자들은 생산자물가지수가 발표될 때마다 이 지표가 소비자물가지수에 어떤 영향을 줄지 꼼꼼하게 분석하고 관찰할 필요가 있으며, PPI의 움직임을 통해 앞으로의 소비자물가 방향성과 중앙은행의 대응까지 미리 예상하는 전략적 접근이 필요합니다.

물가 구성 요소별 세부 지표 확인하는 법

소비자물가지수(CPI)와 생산자물가지수(PPI)의 경우 미국 노동부 산하 노동통계국(BLS) 사이트(https://www.bls.gov)에서 확인 가능합니다. 사이트 홈에서 우측 하단 LATEST NUMBERS의 원하는 지표를 클릭한 뒤, Table of Contents의 Summary를 클릭하면 도표 형태로 물가 구성 요소별 세부 지표를 확인하실 수 있습니다.

■ CPI 구성 요소별 세부 지표 예시

212 3장 경제 일정을 따라 정리하는 다양한 경제지표들

가장 중요한 개인소비지출물가지수(PCE)의 경우 미국 상무부 경제분석국(BEA) 사이트 (https://www.bea.gov)에서 확인 가능합니다.

홈에서 Personal Income and Outlays 클릭 후 Related Materials로 접속한 뒤 Full Release & Tables를 클릭하면 Table 5에서 예시와 같이 확인할 수 있습니다.

■ 개인소비지출물가지수(PCE) 지표 예시

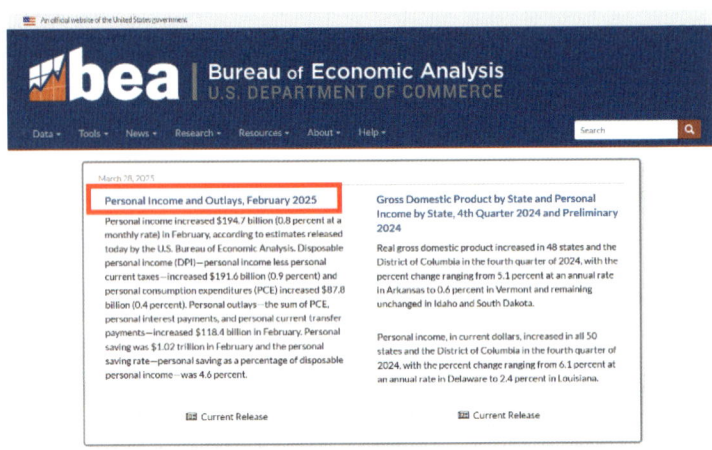

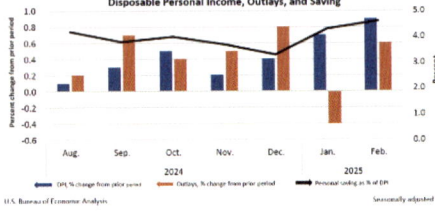

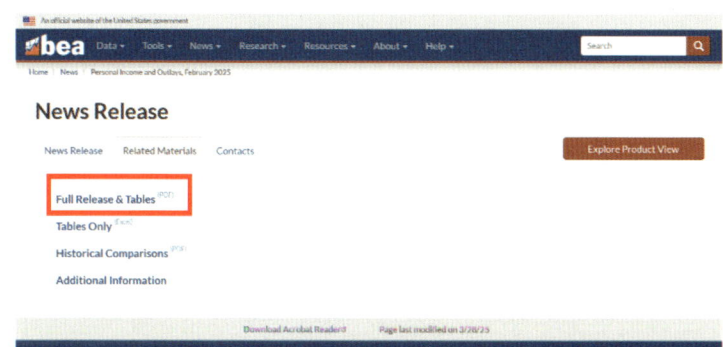

March 28, 2025

Table 5. Price Indexes for Personal Consumption Expenditures: Level and Percent Change from Preceding Period (Months)

Line		2024						2025		Line
		July	Aug.	Sept.	Oct.r	Nov.r	Dec.r	Jan.r	Feb.p	
	Chain-type price indexes (2017=100), seasonally adjusted									
1	Personal consumption expenditures (PCE)	123.575	123.727	123.939	124.265	124.399	124.769	125.189	125.600	1
2	Goods	114.559	114.387	114.248	114.263	114.248	114.373	114.943	115.203	2
3	Durable goods	105.316	105.065	105.416	105.455	105.391	104.883	105.223	105.659	3
4	Nondurable goods	119.776	119.653	119.220	119.218	119.230	119.746	120.454	120.609	4
5	Services	127.972	128.291	128.682	129.168	129.380	129.875	130.217	130.705	5
	Addenda:									
6	PCE excluding food and energy	122.722	122.926	123.234	123.595	123.716	123.980	124.350	124.804	6
7	Food[1]	126.819	126.900	127.346	127.554	127.882	128.199	128.609	128.592	7
8	Energy goods and services[2]	135.904	134.878	132.101	131.744	131.812	135.023	136.754	136.950	8
9	Market-based PCE[3]	121.771	121.916	122.089	122.346	122.503	122.798	123.151	123.557	9
10	Market-based PCE excluding food and energy[3]	120.507	120.711	120.990	121.279	121.423	121.586	121.871	122.325	10
	Percent change from preceding period in price indexes, seasonally adjusted at monthly rates									
11	Personal consumption expenditures (PCE)	0.2	0.1	0.2	0.3	0.1	0.3	0.3	0.3	11
12	Goods	0.0	-0.2	-0.1	0.0	0.0	0.1	0.5	0.2	12
13	Durable goods	-0.3	-0.2	0.3	0.0	-0.1	-0.5	0.3	0.4	13
14	Nondurable goods	0.1	-0.1	-0.4	0.0	0.0	0.4	0.6	0.1	14
15	Services	0.3	0.2	0.3	0.4	0.2	0.4	0.3	0.4	15
	Addenda:									
16	PCE excluding food and energy	0.2	0.2	0.3	0.3	0.1	0.2	0.3	0.4	16
17	Food[1]	0.2	0.1	0.4	0.2	0.3	0.2	0.3	0.0	17
18	Energy goods and services[2]	0.0	-0.8	-2.1	-0.3	0.1	2.4	1.3	0.1	18
19	Market-based PCE[3]	0.2	0.1	0.1	0.2	0.1	0.2	0.3	0.3	19
20	Market-based PCE excluding food and energy[3]	0.2	0.2	0.2	0.2	0.1	0.1	0.2	0.4	20

p Preliminary
r Revised
1. Food consists of food and beverages purchased for off-premises consumption; food services, which include purchased meals and beverages, are not classified as food.
2. Consists of gasoline and other energy goods and of electricity and gas services.
3. Market-based PCE is a supplemental measure that is based on household expenditures for which there are observable price measures. It excludes most imputed transactions (for example, financial services furnished without payment) and the final consumption expenditures of nonprofit institutions serving households.
Source: U.S. Bureau of Economic Analysis

물가지표 변화를 확률 높게 예측하는 법

소비자물가지수(CPI)나 개인소비지출물가지수(PCE)는 연준의 통화정책 결정에 지대한 영향을 미치기 때문에 투자자와 시장 참가자들이 늘 주목하고 예의주시하는 핵심 지표입니다. 물가지표의 결과에 따라 금융시장의 흐름과 방향성이 즉각적으로 바뀌기도 하고, 중앙은행의 정책 방향성까지 바뀔 수 있기 때문에 시장 참가자들 입장에서는 이 중요한 물가지표를 조금이라도 미리 정확하게 예측하는 것이 매우 중요합니다. 그렇다면 이렇게 중요한 물가지표를 사전에 보다 확률 높게 예측해볼 수 있는 방법에는 구체적으로 어떤 것들이 있을까요?

먼저 물가 예측을 위한 가장 보편적이고 종합적인 접근법은 다양한 전문가들이 미리 제시하는 컨센서스(Consensus)를 확인하는 것입니다. 컨센서스란 여러 경제 전문가와 금융기관들이 각자의 분석과 예측을 통해 내놓은 물가지표의 평균적 수치를 의미하며, 일반적으로 투자자와 시장 참가자들이 가장 널리 활용하는 신뢰성 높은 정보입니다. 현재 투자자들이 쉽게 접근 가능한 컨센서스 자료로는 Investing.com과 같은 경제 전문 웹사이트에서 제공하는 자료나 국내외 주요 증권사들이 발표하는 컨센서스를 활용하는 방법이 있습니다. 클리블랜드 연방준비은행(Cleveland Fed)이 운영하는 '인플레이션 나우캐스팅(Inflation Nowcasting)' 사이트에서도 컨센서스를 확인할 수 있으며, 컨센서스가 대체로 맞을 것이

라는 전제하에 이전 월에 발표된 수치와 비교해보며 이번 달의 물가지표 추세를 예측해볼 수 있습니다.

또한 물가지표에서 큰 비중을 차지하는 핵심 항목들의 개별적인 가격 변화를 세부적으로 살펴보는 것도 매우 유용한 접근법이 될 수 있습니다. 주요 물가 구성 항목으로는 주거비, 식료품 가격, 유가, 의료비, 운송수단 가격 등이 있으며, 각 항목들의 가격 흐름을 개별적으로 확인하는 것이 전체 물가 흐름을 예측하는 데 큰 도움이 됩니다.

구체적으로 살펴보면, 물가지표에서 큰 비중을 차지하는 주거비의 경우 신규주택 및 기존주택 판매 지표와 같은 부동산 관련 지표를 통해 주택 시장의 전반적인 분위기를 확인할 수 있습니다. 월세 시장의 실제 거래 데이터를 추적하는 ZORI(Zillow Observed Rent Index)를 활용하여 보다 정확하게 주거비의 변화를 예측할 수도 있습니다. 최근의 실제 월세 거래 추세를 살펴보면 향후 CPI와

PCE에 반영될 주거비 항목의 가격 움직임을 더욱 선제적으로 판단할 수 있게 됩니다.

식료품 가격 역시 매우 중요한 항목이며, 글로벌 식량 가격의 변화를 포괄적으로 보여주는 FAO Food Price Index(유엔식량농업기구 식량 가격지수)를 통해 세계적인 식량 가격의 흐름을 미리 확인하고, 이를 바탕으로 미국 내 식료품 가격 변화를 어느 정도 예측할 수 있습니다. 글로벌 작황 상태, 주요 식량 생산국의 정책 변화, 수출입 규제 등의 정보까지 고려하면 더욱 정확한 예측이 가능합니다.

유가는 소비자물가지수에 직접적이고 즉각적인 영향을 미치는 중요한 구성 요소입니다. 따라서 투자자들은 서부텍사스산 원유(WTI) 가격이나 브렌트유(Brent oil) 가격의 월간 평균값 변화를 직접적으로 체크하여 물가지표에 미치는 영향력을 미리 판단할 수 있습니다. 유가가 한 달 동안 얼마나 올랐거나 내렸는지 계산해보는 습관을 가지는 것도 물가 흐름을 미리 짐작하는 데 유익한 방법이 됩니다.

의료비 역시 물가지표에서 상대적으로 높은 비중을 차지하며 특히 개인소비지출물가지수(PCE)에 중요한 영향을 미칩니다. 의료비 항목의 움직임을 보다 정확히 예측하기 위해서는 의료 관련 인건비 상승률을 나타내는 지표인 ECI(Employment Cost Index)의 Health Care Sector 부문을 참고하면 의료비의 움직임을 보다 정확하게 파악할 수 있습니다.

그러나 항상 이렇게 세부적인 항목을 하나하나 모두 추적하여 예측하는 것은 현실적으로 어렵고, 오히려 혼란과 노이즈를 발생시킬 수도 있습니다. 실제 투자자들이 활용할 수 있는 가장 효율적인 방법은 기본적으로는 시장에서 발표되는 전문가들의 컨센서스를 신뢰하고, 특별한 이슈가 발생한 세부 항목이 있는 경우에만 위에 제시한 개별 항목별 지표를 좀 더 깊이 있게 점검해보는 것입니다.

예를 들어 러시아와 우크라이나 간의 전쟁처럼 돌발적인 사건으로 국제 유가가 급등했던 상황에서는 단순히 컨센서스만 보기보다는 실제로 유가의 월간 변동 폭을 자세히 체크하는 것이 매우 중요합니다. 또한 이상기후로 인한 농산물 가격 급등이 발생하거나 미국 내 주거 시장의 급격한 변동이 있을 때에도 관련된 개별 항목의 데이터를 꼼꼼히 점검하여 물가지표의 변화를 사전에 더 정확히 예측할 수 있습니다.

결론적으로 물가지표를 높은 확률로 정확하게 예측하기 위해서는 컨센서스를 기본으로 하되, 중요하고 특이한 이벤트가 발생한 경우 세부 항목별 데이터를 추가적으로 확인하는 전략적 접근이 필요합니다. 이렇게 복합적인 접근법을 통해 물가지표의 변화를 선제적으로 파악하고, 시장 변화에 보다 유연하고 효율적으로 대응할 수 있습니다.

고용지표 간의 관계

앞서 설명드렸듯이 고용지표에는 다양한 종류가 있으며, 각각 발표 주기나 조사 방식, 해석 방식에 있어서 차이를 보입니다. 대표적인 지표로는 매주 발표되는 신규 실업수당 청구 건수, 매월 발표되는 노동부 JOLTs(구인 이직 보고서), 고용보고서(비농업 고용지수, 평균 시간당 임금 변화, 실업률), 그리고 ADP 비농업 부문 고용 변화가 있습니다. 이들 지표는 모두 미국 내 고용 상황을 보여주는 중요한 자료이며, 시장과 연준이 통화정책 방향을 설정하는 데 있어 핵심적인 참고자료로 활용됩니다.

이 중에서도 시장과 연방준비제도가 가장 중요하게 바라보는 지표는 단연 미국 노동부 산하 노동통계국(BLS)에서 발표하는 '고용보고서'입니다. 고용보고서는 매월 첫째 주 금요일에 발표되며, 비농업 부문 일자리 수 증가, 평균 시간당 임금 변화, 실업률이라는 세 가지 핵심 지표를 포함하고 있습니다. 이 지표는 고용의 양적 측면과 질적 측면을 모두 포괄하여 보여주기 때문에 시장 전체의 반응이 매우 크고, 발표 시점에는 주식, 채권, 외환시장 등 전반적인 금융시장에서 높은 변동성이 나타나는 경우가 많습니다.

반면 JOLTs(구인 이직 보고서)는 노동부에서 발표하는 공식 통계이지만 데이터 발표 시점이 한 달 이상 지연되기 때문에 시장에서는 '후행지표'로 인식되는 경향이 있습니다. 예를 들어 12월 초에 발표되는 JOLTs는 10월 데이터를 반영하는 식입니다. 이로 인해 JOLTs는 고용보고서보다 먼저 발표되기는 하지만, 실제 반영하는 정보가 시차를 두고 있기 때문에 시장의 즉각적인 방향성을 결정하는 데에는 다소 한계가 있습니다.

다만 JOLTs는 구인 수요, 이직률, 해고 비율 등 노동시장의 심층적인 흐름을 보여주는 데 탁월한 지표이기 때문에 고용시장의 구조적인 건강성이나 고용 유지의 안정성을 평가할 때 매우 유용한 자료입니다.

ADP 비농업지수와 고용보고서는 조사 주체나 대상에 있어서 명확한 차이점을 가지고 있지만, 본질적으로 미국 내 고용 변화를 예측한다는 공통점을 가지고 있습니다. 따라서 이 둘은 비슷한 경

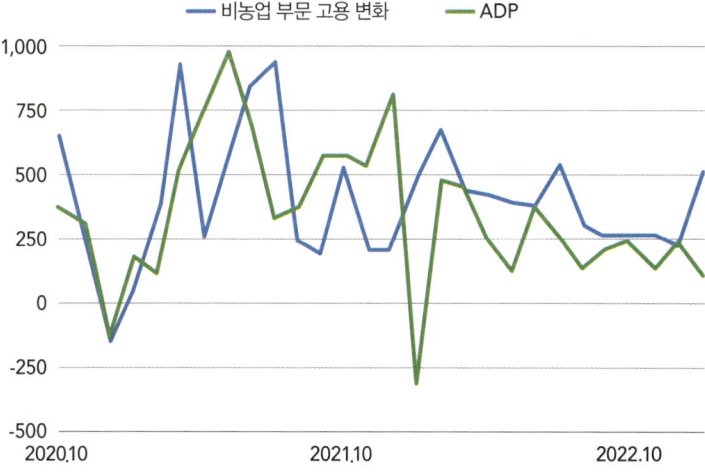

■ ADP와 고용보고서 결과 비교

향성을 보일 가능성이 높습니다. 다음 그림은 ADP와 고용보고서의 결과를 비교한 그래프로, 비교적 유사한 상관성을 보이고 있음을 알 수 있습니다.

한편 신규 실업수당 청구 건수는 주간 단위로 발표되며, 고용시장에 실시간으로 가까운 데이터를 제공하는 단기 고용지표입니다. 이 수치는 갑작스럽게 급증하거나 급감할 경우 고용시장에 빠른 변화가 일어나고 있다는 신호로 해석될 수 있으며, 고용보고서 발표 전 몇 주 동안의 실업수당 청구 흐름을 종합하면 고용시장에 대한 초기 분위기를 예측해볼 수 있는 근거 자료가 됩니다.

흥미로운 점은 월간 단위로 발표되는 이들 고용지표들이 대부분 한 주 안에 몰려 발표된다는 점입니다. 일반적으로 시장은 JOLTs → ADP → 고용보고서의 순서로 발표되는 이 흐름을 따르게 되며, JOLTs와 ADP는 고용보고서에 앞서 발표되기는 하지만 고용보고서만큼 시장에 즉각적인 충격을 주지는 않습니다. 시장은 통상 고용보고서가 발표되기 전까지 조심스러운 태도를 유지하며, JOLTs와 ADP의 흐름을 참고 수준에서 받아들이고 고용보고서에서 실제 방향성을 확인하려는 경향이 강합니다.

그렇기 때문에 이들 고용지표 간의 상관관계를 파악하고 흐름을 이해하고 있다면, 투자자는 발표되는 각각의 데이터를 단편적으로 해석하는 것이 아니라 전체적인 고용 그림을 조감도로 보듯 연결하여 고용보고서의 결과를 미리 예측해볼 수 있는 능력을 기를 수 있습니다. 예를 들어 JOLTs에서 구인 수요가 감소하고, ADP 고용 증가 폭이 둔화되며, 같은 기간의 신규 실업수당 청구 건수가 증가하는 흐름이 나타난다면, 이는 고용보고서에서도 부정적인 수치가 나올 가능성이 높다는 신호로 해석할 수 있습니다.

FOMC 성명서, 의장 질의응답, 의사록 확인하는 법

FOMC 성명서, 질의응답, 의사록, 점도표 등 모든 관련 정보는 미국 연방준비제도 홈페이지(https://www.federalreserve.gov)에 업로드됩니다. 홈 화면의 Recent Developments에서 확인 가능합니다.

점도표 해석법

연방준비제도는 매년 분기마다 3월, 6월, 9월, 12월 총 네 차례의 향후 금리 전망을 담은 '점도표(Dot Plot)'를 발표합니다. 점도표는 연준 위원들이 각각 개별적으로 예측한 해당 연도 말, 다음 해, 이후 한두 해, 그리고 장기적인 금리 수준에 대한 전망치를 시각적으로 보여주는 자료입니다.

미국 연방준비제도 홈페이지의 News & Events – Press Release에서 Federal Reserve Board and Federal Open Market Committee release economic projections을 통해 확인하실 수 있습니다.

　점도표는 특정 위원의 이름 없이 익명으로 제시되지만, 각 점 하나하나가 실제 FOMC 위원 한 명의 정책금리 전망을 뜻하기 때문에, 이를 통해 위원 전체의 정책적 온도를 유추할 수 있는 굉장히 중요한 도구입니다. 실제 시장에서도 점도표 발표 이후 금리 경로를 예측하거나, 연준의 긴축 또는 완화 기조가 유지될지를 판단하는 데 매우 중요하게 활용되고 있습니다.

　연준 위원에는 일반적으로 세 부류의 성향이 고르게 분포되어 있습니다.

　첫 번째는 비둘기파로, 경기 둔화나 고용 악화를 우려해 금리 인하나 완화적 통화정책을 선호하는 성향입니다. 두 번째는 매파로, 인플레이션 통제를 최우선으로 여기며 금리 인상과 같은 긴축 정책을 선호하는 성향의 위원들입니다. 세 번째는 상황에 따라 입장을 유연하게 조정하는 중립 성향의 위원들입니다. 이처럼 다양한 시각을 가진 위원들이 점도표에 각각 자신의 금리 전망을 제시하기 때문에 점도표 상의 점들은 일정한 방향성을 가지기보다는 다소 흩어진 형태로 나타나게 됩니다.

이처럼 여러 의견이 공존하는 점도표를 해석하기 위해 시장에서는 다음의 세 가지 핵심 포인트에 주목합니다.

① **최다 득표 금리(모드, Mode):** 점도표에서 가장 많은 점이 몰려 있는 금리를 의미합니다. 즉 여러 위원들이 동일한 정책 금리를 제시했다면 그 수치가 '최다 득표 금리'가 됩니다. 이는 위원들의 전반적인 합의 수준을 가늠할 수 있는 지표이며, 시장은 해당 수치를 기준으로 연준의 중간 시각을 판단하려는 경향이 있습니다. 예를 들어 5.00%에 가장 많은 점이 몰려 있다면, 시장은 해당 수치를 '연말 정책 금리 가능성이 가장 높은 수준'으로 해석하게 됩니다.

② **최고 금리(최상단 점):** 위원 중 가장 높은 금리를 제시한 점입니다. 이는 매파적 입장이 가장 강한 위원의 전망으로 해석되며, 연준 내부에서 긴축 정책이 어느 정도 강경하게 고려되고 있는지를 보여주는 지표입니다. 비록 다수의 의견은 아닐지라도 이 최고 금리가 지속적으로 상승한다면, 시장은 향후 연준이 더욱 매파적인 스탠스를 강화할 가능성을 염두에 두고 대비할 필요가 있습니다.

③ **중간값(Median):** 점도표에서 모든 점들을 높이순으로 배열했을 때 정확히 가운데 위치한 값입니다. 예를 들어 위원이 총 19명이라면 10번째 점의 금리가 곧 중간값이 됩니다. 이 수치는 연준 위원 다수의 '정중앙 의견'을 의미하며, 시장에서는 이 값을 연준의 공식적인 금리 전망으로 간주합니다. 특히 FOMC 회의가 끝난 후 발표되는 성명서나 기자회견에서도 중간값에 대한 언급이 자주 등장하며, 이는 단순히 기술적인 수치를 넘어서 정책 기조의 무게중심을 나타내는 수치로 해석됩니다.

이 세 가지 수치는 각각 다른 성격을 지니고 있으며, 투자자들은 단순히 점의 평균값을 보는 것이 아니라 점들이 어떤 방향으로 분포되어 있는지, 특정 구간에 쏠림이 있는지, 최고점과 최저점 간의 간격이 벌어지고 있는지 등 전체적인 흐름까지 종합적으로 살펴보는 것이 중요합니다. 또한 점도표는 '예측'이지 '결정'이 아니기 때문에 FOMC 위원들도 점도표를 기준으로 정책 결정을 강제받지는 않습니다. 하지만 점도표는 연준이 현재의 경제 상황을 어떻게 해석하고 있는지를 드러내는 신호탄이자, 앞으로의 금리 방향성을 미리 가늠해볼 수 있는 가장 직접적인 자료입니다. 특히 긴축 종료 시점, 금리 인하의 개시 시점 등을 예측할 때 점도표의 변화는 시장에 선행적인 힌트를 제공하게 됩니다.

따라서 투자자 입장에서는 단순히 점의 숫자를 세는 것을 넘

■ **2025년 3월 점도표**

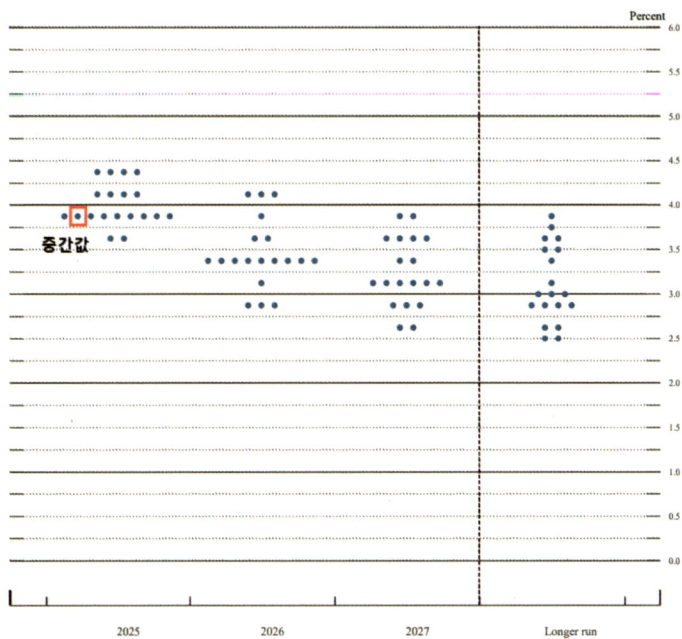

어, 정책 위원들의 시각이 어느 쪽으로 기울고 있는지, 다수 의견과 극단 의견 사이의 괴리, 그리고 지난 점도표와의 변화 추이 등을 종합적으로 분석할 수 있어야 합니다. 점도표는 단순한 시각 자료를 넘어, 시장의 방향성과 정책 흐름을 미리 읽어내는 데 매우 강력한 도구이기 때문입니다.

4장

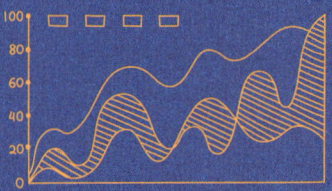

모식도를 통해 익히는
실전 투자 감각

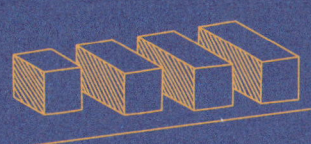
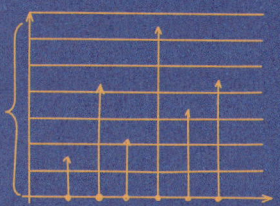

모식도를 이해하기 전, 반드시 짚고 넘어가야 할 것들

모식도를 이해함에 앞서 가장 중요한 전제는 현재 시장의 분위기를 먼저 파악해야 한다는 점입니다. 다시 말해 시장 참여자들이 현재 금리를 높다고 인식하고 있는지, 혹은 낮다고 인식하고 있는지에 따라 같은 경제지표라 하더라도 시장의 해석과 반응은 전혀 다르게 나타날 수 있습니다.

'중립 금리'를 현재 경제 상황에서 가장 이상적인 금리라고 정의한다면 통상적으로 점도표를 통해 미국 연방준비제도의 '중립 금리'를, FedWatch를 통해 시장이 생각하는 '중립 금리'를 알 수 있습니다.

경제는 순환한다. 그러나 '이상적인' 상황은 거의 없다

거시경제는 다양한 요소들이 얽힌 복합적이고 순환적인 구조를 가지고 있습니다. 모든 경제지표가 동시에 이상적으로 나오는 경우는 매우 드물며, 대부분의 경우 특정 지표는 좋고 다른 지표는 나쁜 상태가 공존합니다. 이처럼 엇갈린 데이터들 속에서 시장은

'지금 이 상황에서 무엇을 더 중요하게 해석할 것인가'를 결정하게 됩니다.

시장이 현재의 기준 금리를 '높다'고 인식하는 경우

먼저 시장이 현재 금리를 높다고 판단할 경우 일반적으로 시장은 경기 둔화를 우려하기 시작하며 중앙은행이 금리를 인하할 가능성에 주목합니다. 만약 물가가 안정적이라면 중앙은행도 점진적으로 금리 인하를 시도할 수 있으며, 이때는 위험자산 시장에 투자하는 투자자들은 호재로 받아들일 수 있습니다. 하지만 금리가 높다고 판단됨에도 중앙은행이 금리를 내리지 못하는 경우가 존재합니다. 이 경우 금리를 내리지 못하는 대부분의 이유는 인플레이션입니다. 즉 경기 침체 우려가 있음에도 물가가 잡히지 않아 금리를 내릴 수 없는 상황이 펼쳐지며, 이는 '정책 딜레마(policy dilemma)' 상태에 해당합니다.

이러한 상황에서 고용지표나 경기지표가 괜찮게 나와준다면 중앙은행은 시간을 벌 수 있습니다. 그러나 만약 고용과 성장지표마저 악화되면서 물가만 오르는 상황이 지속된다면 시장은 스태그플레이션에 대한 공포에 빠지게 됩니다. 이는 가장 바람직하지 않은 거시경제 시나리오로, 시장 전체에 짙은 먹구름이 드리우는 시점이 될 수 있습니다.

시장이 현재의 기준 금리를 '낮다'고 인식하는 경우

반대로 시장이 현재 금리를 낮다고 판단할 경우 중앙은행은 물가나 자산시장 과열 등을 우려하여 금리를 인상할 가능성에 무게를 두게 됩니다. 경기가 안정적일 경우 정상적으로 금리를 올리더라도 시장에는 큰 문제 없이 경제가 순환하게 될 것입니다. 하지만 금리가 낮다고 판단함에도 불구하고 중앙은행이 금리를 올리지 못하는 상황이 발생할 수도 있습니다. 그 원인은 보통 경기 침체, 디플레이션 위험 혹은 금융시장의 불안정성 때문일 가능성이 높습니다. 경기 회복이 부진한 상황에서 무리하게 금리를 인상하면 부채 부담 증가와 소비 위축, 실업률 증가 등이 동반되며 경기 침체가 보다 더 가속화될 수 있기 때문입니다. 또한 자산시장이 과도하게 민감해진 경우 금리 인상만으로도 신용 경색이나 시스템 리스크를 유발할 가능성도 존재합니다.

이 책의 모식도에서는 위에서 설명드린 다양한 거시경제 시나리오들을 두 장의 모식도를 통해 체계적으로 정리하였으며, 추가적으로 한국 주식시장을 포함한 이머징 마켓(Emerging Market)의 증시가 환율과 미국과의 금리차에 따라 어떻게 변동될 수 있는지에 대해 한 장의 모식도로 다루었습니다.

다만 거시경제는 우리 생각보다 훨씬 더 복잡한 것임을 잊어서는 안 됩니다. 거시경제 이슈에 대한 판단은 중립 금리와의 괴리, 기대 인플레이션, 실질 금리, 금융 시스템의 복원력 등 다양한 요인을 종합해서 해석해야 합니다.

　이 모식도가 기본적인 시장의 반응을 담고 있는 것은 사실이지만 시장이 고정된 공식을 따르지 않는 예외적인 경우가 항상 나타날 수 있습니다. 결국 투자 시장에서 100%는 없다는 당연한 진리 하에 항상 본인의 리스크 관리와 시드의 비중 조절은 보수적으로 하시길 권장드립니다. 추가적으로 이 모식도는 '미국 경제지표'를 기본으로 작성되었습니다.

모식도 1

시장이 '현재 금리가 높다'고 판단하는 상황

- 시장이 '현재 금리가 높다'고 판단하는 상황(기준금리 > 중립금리)
  금리를 내리지 못하는 이유가 인플레이션 때문일 가능성이 높음

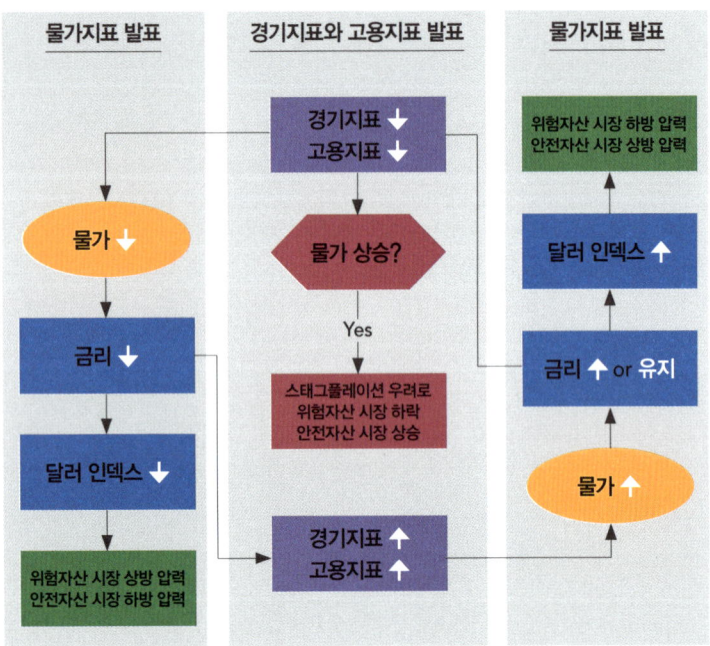

금리는 경제의 체온계와도 같습니다. 너무 높으면 경제활동이 위축되고, 너무 낮으면 과열의 위험이 생깁니다. 이 장에서는 시장이 현재 금리를 '높다'고 인식하는 상황을 모식도를 통해 분석하고, 이와 관련된 정부와 중앙은행의 정책 대응과 자산시장의 흐름을 함께 살펴보겠습니다.

시장의 판단: "지금 금리는 너무 높다"

먼저 시장 참가자들인 투자자, 기업, 소비자들이 현재의 정책금리가 너무 높다고 판단하고 있는 상황을 가정해보겠습니다. 이는 단순한 느낌이 아니라 고용 둔화, 소비 위축, 산업생산 및 기업의 기대수익 감소 등의 다양한 거시경제지표들을 근거로 경제가 이미 냉각되고 있다고 느끼기 때문에 나오는 자연스러운 반응입니다.

이때 시장은 자연스럽게 미국의 연준이 곧 금리를 인하할 것이라는 기대를 갖게 됩니다. 금리가 높아진 이유가 이미 충분히 반영되었고, 이제는 경기 회복을 위한 통화정책의 완화가 필요하다는 믿음이 자리 잡게 되는 것입니다.

그러나 연준은 금리를 인하하지 않는다. 아니, 인하하지 못한다

하지만 중앙은행의 입장은 다릅니다. 중앙은행은 금리를 쉽게 내리지 못합니다. 그 이유는 물가, 정확히는 물가 상승을 뜻하는 인플레이션 때문입니다. 시장에서는 경기 둔화를 우려하지만, 연준 입장에서는 아직 물가상승률이 지나치게 높거나, 혹은 물가상승률이 조금씩 잡히고 있지만 그 속도가 더딘 것이 더 큰 문제로 보일 수 있습니다. 이는 곧 "인플레이션을 완전히 잡기 전까지는 금리 인하라는 카드를 아직 꺼내들 수 없다"는 메시지를 담고 있습니다. 결국 첫 번째 모식도는 시장은 금리 인하를 기대하지만 연준은 '물가 안정'이라는 큰 목적에 우선순위를 두고 있어 양측 사이에 간극이 벌어지고 있는 상황을 담고 있습니다.

물가지표가 낮게 나와주었을 때

이처럼 시장과 중앙은행 간의 간극이 커졌을 때, 가장 주목할 만한 경제지표는 단연 '물가지표'입니다. 만약 소비자물가지수(CPI), 개인소비지출물가(PCE), 임금상승률 등의 지표가 발표되었을 때, 그 수치가 이전 수치보다 낮거나 당월의 컨센서스보다 낮게 나왔다고 가정해보겠습니다. 물가지표가 낮게 발표되었으니 골치 아픈 문제가 해결될 기미가 보이고 있습니다. 이는 매우 중요한 전환점이 됩니다. 이런 결과는 시장 참여자들에게 '이제 연준이 금리 인하를 고려해도 될 시점이 왔구나'라는 신호로 받아들여질 수 있습니다. 마찬가지로 연준 역시 더는 긴축 기조를 고집하지 않아도 된다는 판단을 내릴 수 있는 여지를 얻게 되는 것입니다.

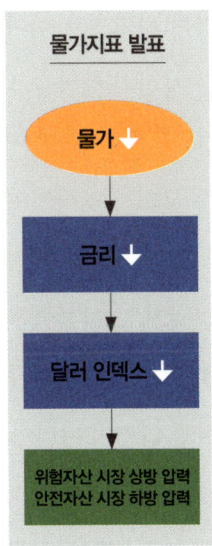

연준과 시장의 의견 합치: '금리 인하의 기대'

물가 상승세가 꺾이는 모습을 보이게 되면, 시장과 연준 사이에 존재하던 간극이 서서히 좁혀지기 시작합니다. 이 경우 연준이 여전히 공식적으로는 금리 동결을 유지하고 있더라도 발언의 뉘앙스는 달라지게 됩니다. 즉 통화정책의 전환점이 다가오고 있음을 암시하게 되는 것입니다.

시장의 반응: 위험자산 선호의 확대

이러한 시그널은 금융시장에 강하게 반영됩니다. 미국 금리가 내려간다는 것은 유동성의 증가와도 비슷하게 해석할 수 있으며,

이는 달러화의 상대적 가치 하락으로 이어지게 됩니다. 달러 약세는 외국인 입장에서 미국 자산의 매력을 상대적으로 낮추지만, 동시에 달러의 풍부한 유동성은 전 세계 자산시장 전반에 긍정적인 영향을 미치게 됩니다. 즉 금리가 낮아지며 유동성이 풍부해진 미국에서 다른 국가로 달러화가 흘러나가는 경우도 생길 수 있으며, 동시에 미국 내에서도 안전자산 시장에서 위험자산으로 자산의 이동량이 늘어납니다. 결국 이 경우 안전자산 시장에는 하방 압력이, 위험자산 시장에는 상방 압력이 나타나게 됩니다.

물가지표가 예상보다 높게 발표되었을 때

반대로 발표된 물가지표가 시장의 전망치인 컨센서스보다 높거나, 물가 상승세를 계속해서 유지한 채로 발표되었다고 가정해 보겠습니다. 이러한 결과는 곧장 시장 심리에 찬물을 끼얹습니다. '아직 인플레이션이 잡히지 않았다'는 현실을 확인시켜 주는 것이기 때문입니다. 미국의 연준 역시 이 데이터를 가장 중요하게 받아들이게 됩니다. 물가가 안정되지 않았다면 중앙은행은 절대로 금리를 내릴 수 없습니다. 그 어떤 경기 침체의 우려보다도 '물가 안정'이 우선순위이기 때문입니다. 결국 시장과 연준은 '지금은 금리를 인하할 때가 아니다'는 공감대를 형성하게 됩니다.

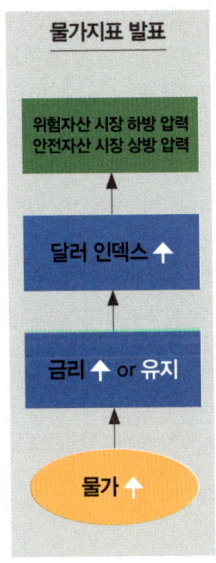

연준과 시장의 스탠스: 인하 기대감 축소

이러한 상황에서 연준이 바로 금리에 대한 메시지를 내는 것은 아니지만, 시장은 그 메시지를 해석해냅니다. 과거의 경험을 통해 투자자들은 연준이 어떤 지표에 얼마나 민감하게 반응하는지를 학습해왔기 때문입니다.

결국 금리 인하 기대감은 빠르게 축소되며, 물가지표의 정도에 따라 금리가 한 번 더 인상될 가능성 역시 주목받기 시작합니다. 설령 인상이 없다 하더라도 현재의 고금리 기조가 훨씬 더 오래 지속될 것이라는 인식이 강해지게 되며, 이는 시장 전반에 걸쳐 상당한 심리적 압박으로 작용하게 됩니다.

달러 강세: 고금리는 통화 가치를 끌어올린다

이렇게 금리가 오히려 상승하거나 높은 수준에서 유지될 것이라는 기대는 달러화의 강세 요인으로 작용합니다. 이는 국제 자금의 흐름과 관련이 있습니다. 자본은 더 높은 수익률이 기대되는 통화와 국가로 향하기 때문입니다. 미국이 다른 선진국보다 금리를 더 높게 유지하거나 더 일찍 금리를 인상한다면 자연스럽게 달러 수요는 증가하게 되고, 달러 인덱스로 대표되는 달러 가치는 상승하게 됩니다. 달러 강세는 곧 세계 경제 전반에 다양한 파급효과를 줍니다. 원자재 가격에 하방 압력을 주기도 하고, 신흥국 통화의 약세를 유도하기도 하며, 글로벌 자산시장에서 위험 회피 성향을 강화시키는 방향으로 작용하게 됩니다.

사례로 살펴보는 [모식도 1]

기준 금리가 시장의 기대보다 높은 상황에서 물가지표가 높게 발표되었을 때 위험자산 시장에 급락이 나타난 대표적인 사례는 2022년 6월 10일을 생각해볼 수 있습니다.

2022년 6월 10일은 미국의 5월 소비자물가지수(CPI)가 발표된 날에 불과했지만, 그 파급력은 미국은 물론 전 세계 금융시장 전반을 흔들어놓았습니다. 이 사건은 단지 하루의 이슈로 보기보다는 이전부터 누적된 맥락과 시장의 기대를 파악하여 복합적으로 해석할 필요가 있습니다.

코로나19 이후의 유동성 폭발, 그리고 인플레이션

2020년, 코로나19 팬데믹이 전 세계를 덮치면서 미국은 대규모 경기 부양책을 시행했습니다. 연준은 기준 금리를 '제로 수준'으로 낮추고, 수조 달러에 달하는 양적 완화를 통해 시중에 유동성을 공급했습니다. 여기에 미국 정부의 현금 직접 지원금, 실업수당 확대, 대출 보증 프로그램까지 더해지면서, 말 그대로 돈이 시장에 쏟아져 들어갔습니다. 그 결과 2021년 하반기부터 수요 과잉과 공급망 병목 현상이 맞물려 인플레이션이 가속화되기 시작했습니다. 2022년 초에 들어서는 미국 소비자물가지수(CPI)가 전년 대비 7~8%대를 꾸준히 기록하며 연준의 공식 목표인 '2%'를 크게 웃돌기 시작했습니다.

연준의 대응: 금리 인상의 시작과 시장의 기대

연준은 2022년 1월부터 매파적 기조로 돌아서며 금리 인상을 단행했습니다. 3월에는 0.25bp, 5월에는 드디어 빅스텝(0.5bp) 인상을 통해 물가를 제어하려는 신호를 분명히 했습니다. 하지만 당시 시장에서는 이미 '물가 정점론'이 회자되고 있었습니다. '아마도 3~5월 사이에 물가가 고점을 찍고, 이후 안정될 것'이라는 기대가 형성되어 있었던 것입니다. 이에 따라 금리 인상이 단기간에 끝날 것이라는 희망이 퍼졌고, 일부 투자자들은 연준이 하반기에는 다시 금리 인하로 전환할 수도 있다는 기대까지 품고 있었습니다. 즉

2022년의 5월까지만 하더라도 "연준이 물가를 잡기 위해 한두 번 더 금리를 올린 뒤, 다시 완화 모드로 돌아설 것"이라는 내러티브가 시장에 자리 잡고 있던 상황이었던 것입니다.

2022년 6월 10일, 기대를 무너뜨린 물가 쇼크

금리 완화 모드에 대한 내러티브가 시장에 자리 잡고 있던 2022년 6월 10일, 미국 노동부는 5월 소비자물가지수(CPI)를 발표했습니다. 시장 컨센서스는 전년 동월 대비 8.3% 수준을 기대하고 있었으며, 이는 4월 수치였던 8.3%와 비슷한 수준으로, 물가가 정점을 찍고 안정화될 것이라는 기대를 반영한 수치였습니다. 하지만 결과는 정반대였습니다. 미국의 5월 CPI는 전년 대비 8.6% 상승하며 예상을 상회했고, 오히려 전월보다 상승폭이 커졌습니다.

이 수치는 단순히 '높았다'는 차원이 아니었습니다. 이는 "인플레이션은 아직도 정점을 찍지 않았다"는 신호였고, 연준의 빅스텝을 포함한 모든 조치에 대한 불신 심리를 자극했습니다.

■ 2022년 6월 10일에 발표된 5월 미국 소비자물가지수

시간	외화	중요성	이벤트	실제	예측	이전
			2022년 6월 10일 금요일			
21:30	USD	★★★	근원 소비자물가지수 (MoM) (5월)	0.6%	0.5%	0.6%
21:30	USD	★★	근원 소비자물가지수 (YoY) (5월)	6.0%	5.9%	6.2%
21:30	USD	★★★	소비자물가지수 (MoM) (5월)	1.0%	0.7%	0.3%
21:30	USD	★★★	소비자물가지수 (YoY) (5월)	8.6%	8.3%	8.3%

시장의 반응: 위험자산의 급락

물가가 잡히지 않았다는 사실은 곧바로 시장의 기대를 무너뜨렸습니다. 금리 인하를 전혀 기대할 수 없는 수치였으며, 연준의 양적 긴축은 보다 더 길어질 것임을 시사하였습니다. 향후 회의에서 자이언트스텝에 해당하는 0.75bp 금리 인상 가능성까지 언급되기 시작하였으며, 이는 달러 가치 급등과 위험자산 급락으로 이어졌습니다. S&P500 지수는 5일 만에 약 10%에 가까운 급락이 나타났습니다.

동일한 상황에서 물가지표만큼은 아니지만, 경기지표와 고용지표 역시 시장에 적지 않은 영향을 미칩니다. 이들 지표는 특히 물가지표 발표 이전 혹은 그 사이사이에 투자자들의 기대감을 조성하는 데 중요한 역할을 하게 됩니다.

■ **나스닥 일봉 차트 예시**

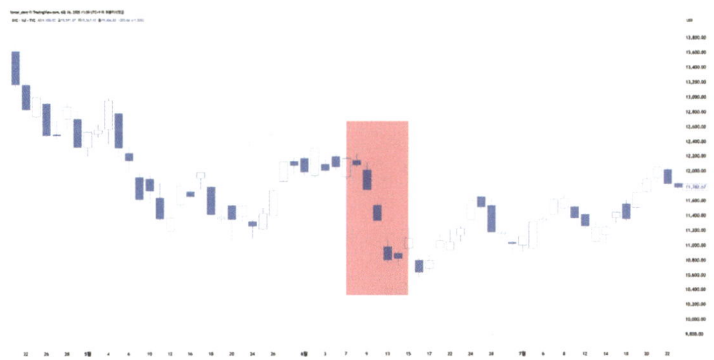

예를 들어 경기 혹은 고용 지표가 발표되었는데 컨센서스 및 이전치보다 높게 발표되어 경기 확장 국면을 나타냈다고 가정해보겠습니다. 경기 혹은 고용 지표의 강세는 단기적으로 긍정적인 신호처럼 보일 수 있지만, 실제로는 광범위한 수요의 증가를 의미할 가능성이 높고, 곧 상품 가격 상승, 임금 상승, 생산 비용 증가 등의 압력으로 이어질 수 있습니다.

따라서 시장은 이러한 확장 신호를 물가 상승 압력으로 해석할 가능성이 높으며, 이는 결국 물가지표 상승과 동일한 메커니즘을 통해 위험자산 시장에 하방 압력을 가하는 결과로 이어지게 됩니다.

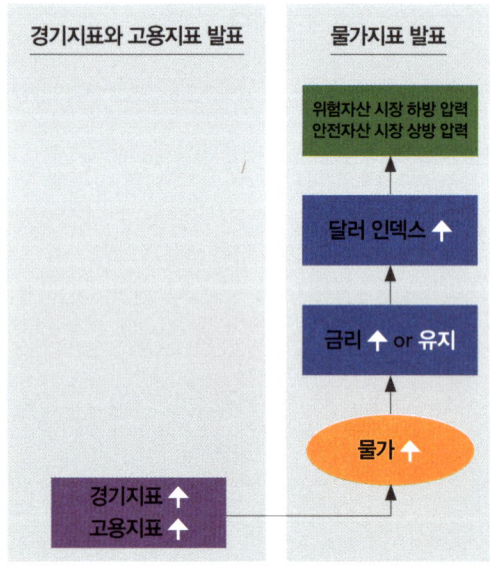

반대로 경기 혹은 고용 지표가 컨센서스와 이전치보다 낮게 발표되어 경기 위축 국면을 시사한다고 가정해보겠습니다. 이는 단편적으로만 보면 안 좋은 뉴스라고 보일 수도 있겠지만 전체적인 맥락 속에서는 전반적인 수요 감소, 투자 및 고용 축소 등을 의미할 수 있으며, 상품 가격과 고용 비용의 하락 가능성이 높아지는 신호로 받아들일 수 있습니다.

이러한 흐름은 물가 하락 압력으로 해석되기 쉬우며, 이는 다시 물가지표 하락 시나리오와 동일한 방향성을 따라 위험자산 시장에는 상방 압력으로 작용하게 됩니다.

다만 경기 위축이 나타나는 상황에서 고려해야 하는 한 가지

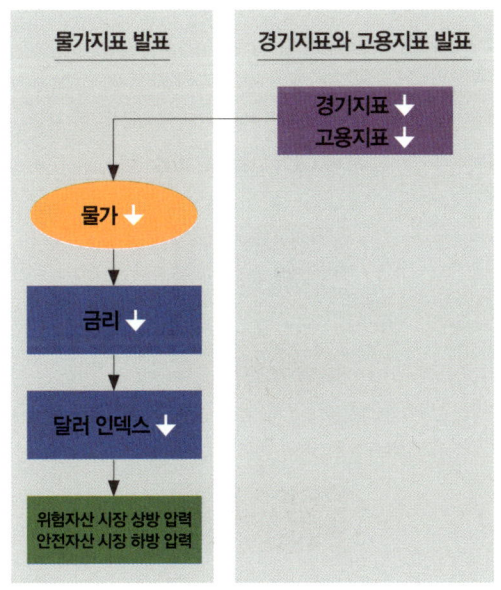

모식도 1 시장이 '현재 금리가 높다'고 판단하는 상황

중요한 예외가 있습니다. 경기 혹은 고용 지표가 경기 위축 국면을 나타내고 있지만, 비슷한 시기에 물가지표가 상승하고 있는 경우, 혹은 물가 상승이 예상되는 경우 시장은 매우 불편한 조합인 '스태그플레이션 우려 상태'에 빠지게 됩니다. 대표적으로는 전쟁 등의 지정학적 리스크, 무역 전쟁 등의 공급 쇼크 등이 발생할 때를 예로 들 수 있습니다. 스태그플레이션은 경기 침체와 물가 상승이 동시에 발생하는 현상으로, 중앙은행이 금리를 내리기도, 올리기도 어려운 진퇴양난에 빠지게 만들며, 시장에 매우 강력한 하락 압력을 불러올 수 있습니다.

최근 트럼프 대통령의 상호관세 부과 이슈는 이러한 예외적 상황의 대표적인 사례로, 실제 당시 미국 주식시장을 포함한 글로벌 증시는 강한 낙폭을 보였습니다.

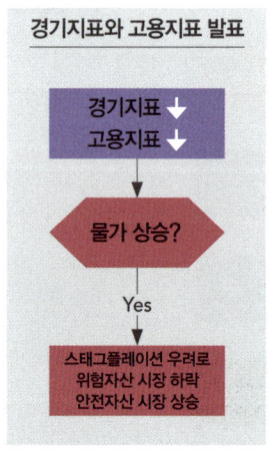

■ **미국 상호관세 여파에 따른 글로벌 증시 등락률**

미국 상호관세가 공개된 4월 3~11일 기간 중,
2일 종가와 11일 종가로 주요 20개국(G20)의 24개 주요 주가지수의 수익률 비교

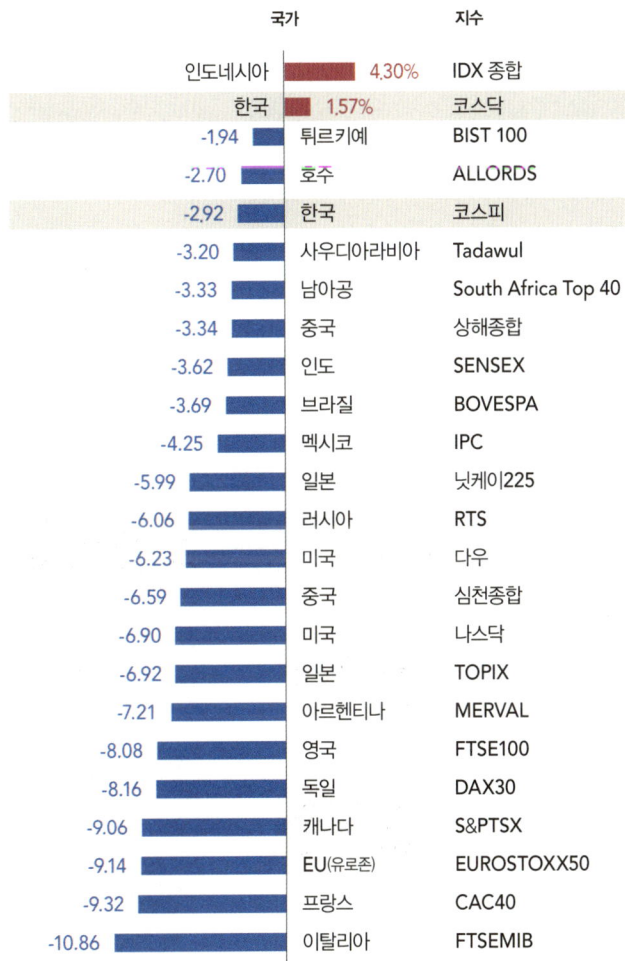

등락률	국가	지수
4.30%	인도네시아	IDX 종합
1.57%	한국	코스닥
-1.94	튀르키예	BIST 100
-2.70	호주	ALLORDS
-2.92	한국	코스피
-3.20	사우디아라비아	Tadawul
-3.33	남아공	South Africa Top 40
-3.34	중국	상해종합
-3.62	인도	SENSEX
-3.69	브라질	BOVESPA
-4.25	멕시코	IPC
-5.99	일본	닛케이225
-6.06	러시아	RTS
-6.23	미국	다우
-6.59	중국	심천종합
-6.90	미국	나스닥
-6.92	일본	TOPIX
-7.21	아르헨티나	MERVAL
-8.08	영국	FTSE100
-8.16	독일	DAX30
-9.06	캐나다	S&PTSX
-9.14	EU(유로존)	EUROSTOXX50
-9.32	프랑스	CAC40
-10.86	이탈리아	FTSEMIB

자료: 한국거래소

모식도 2

시장이 '현재 금리가 낮다'고 판단하는 상황

- 시장이 '현재 금리가 낮다'고 판단하는 상황(기준금리 < 중립금리)
  금리를 내리지 못하는 이유가 경기 침체 우려일 가능성이 높음

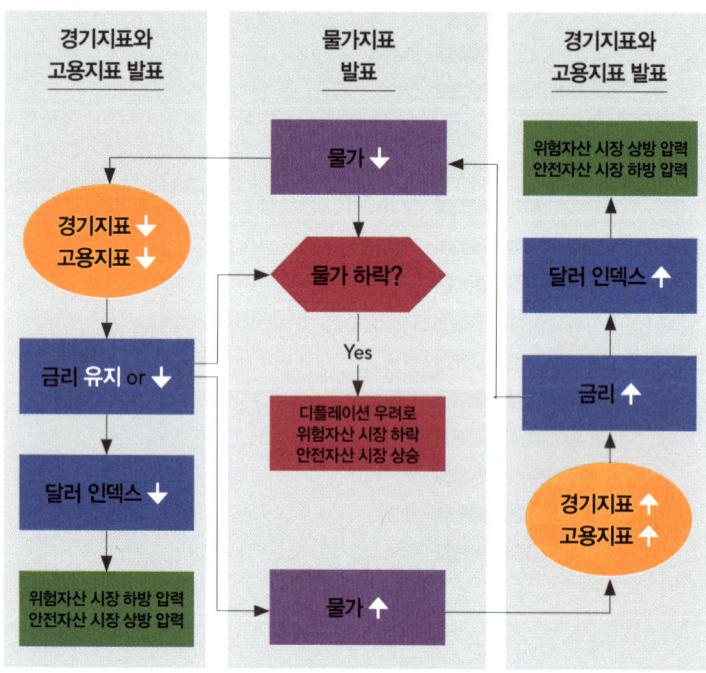

이번 파트에서는 시장이 현재 금리를 '낮다'고 인식하는 상황을 중심으로 시장과 연준 사이의 해석 차이, 그리고 주요 경제지표 발표 시 자산시장에 나타나는 반응을 모식도의 흐름에 따라 분석해보겠습니다.

시장의 판단: "지금 금리는 너무 낮다"

먼저 시장 참가자들이 현재의 기준 금리를 낮다고 인식하고 있는 상황을 가정해보겠습니다. 다시 말해 시장은 현재의 금리 수준이 경기 흐름에 비해 지나치게 완화적이며, 중립 금리 이하에 머물러 있는 상황이라고 판단하고 있는 것입니다. 시장의 이런 판단은 단순히 주관적인 기대감에 의한 것이 아니라, 물가상승률과 통화량 증가 및 소비 및 투자의 지나친 증가, 자산시장의 버블 등을 근거로 '금리를 올릴 때가 된 것 같다'는 위기감이 형성되며 비롯된 것입니다. 이 시점에서 시장은 연준이 조만간 금리 인상을 단행할 것이라는 기대를 갖게 됩니다.

그러나 연준은 금리를 인상하지 않는다. 아니, 인상하지 못한다

하지만 연준은 다르게 판단합니다. 분명히 물가 상승 압력이나 통화 팽창 현상이 일부 존재하고 있지만, 경기 자체가 여전히 불안정하거나 회복세가 미약한 상황에서는 금리를 쉽게 인상할 수 없습니다. 특히 실물경제 침체, 고용시장 불균형, 소비 위축 등의 지표가 나타나고 있다면 연준은 경기 회복을 우선순위로 둘 수밖에 없습니다. 이 상황에서 연준은 "금리를 올릴 시기가 아니며, 오히려 경기 부양을 위한 정책을 유지해야 한다"는 입장을 취하게 됩니다. 결국 시장은 금리 인상을 예상하고 있지만, 연준은 경기 회복을 더 중요하게 보며 금리 인상을 유보하고 있는 간극이 형성됩니다.

경기 및 고용 지표가 낮게 발표되었을 때

이처럼 시장과 연준 사이에 간극이 존재할 때, [모식도 2]에서 가장 주목해야 할 경제지표는 경기 및 고용 지표입니다.

만약 이 지표들이 컨센서스 및 이전 수치보다 낮게 발표되었다고 가정해보겠습니다. 이는 상황이 더욱 악화되고 있다는 것을 의미하며, 경기 회복세가 생각보다 더딘 상태로 더 심각한 경우에는 후퇴하고 있는 상태임을 시사하게 됩니다.

이런 경우 연준은 금리 인하를 유지하거나 심지어 추가 인하의 여지를 검토할 수밖에 없게 되고, 시장 역시 그 가능성을 반영하게 됩니다. 이로 인해 달러 가치는 하락하게 됩니다.

보통 금리 인하나 유지는 위험자산에 긍정적인 환경으로 여겨질 수 있지만, 이 경우에는 '경기 침체'라는 리스크가 배경에 깔려 있기 때문에 투자 심리가 위축될 수 있습니다. 결국 위험자산 시장

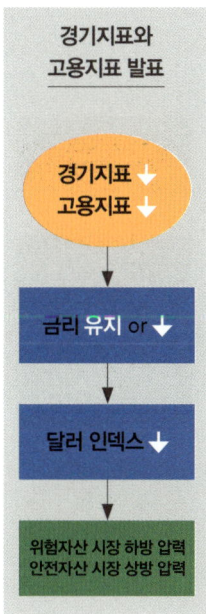

은 오히려 하방 압력을 받을 가능성이 커지게 됩니다.

이러한 흐름이 자산시장에 어떻게 반영될지는 지표가 시장의 '기대감'에 충족했는지의 여부에 따라 결정됩니다. 즉 단순히 지표가 좋고 나쁘다는 수치보다도 시장 내 기대감과의 괴리, 그리고 그 해석이 자산시장에 어떻게 반영되는지가 핵심입니다.

경기 및 고용 지표가 높게 발표되었을 때

이번에는 반대로 경기 및 고용 지표가 예상보다 높게 발표된 경우를 가정해보겠습니다. 이는 경기 회복의 실마리가 보이고 있다

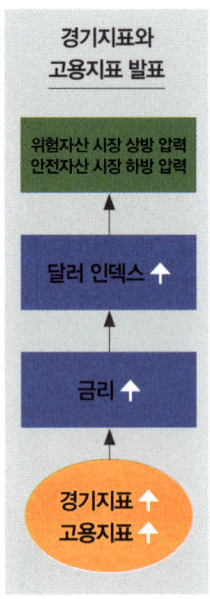

는 신호로 해석될 수 있으며, 연준 역시 이를 근거로 금리 유지 혹은 점진적 인상을 다시 고려할 수 있습니다. 시장은 이 지표를 통해 침체에 대한 우려가 완화되고 있다고 받아들일 수 있습니다.

이 경우 금리 인상 가능성이 다시 부각되므로 달러 가치는 상승하게 됩니다. 그러나 상황에 따라서는 경기 회복 기대감이 주는 안도감이 시장에 긍정적으로 작용하여 위험자산 역시 반등하는 모습을 보일 수도 있습니다. 이번에도 중요한 것은 지표가 '시장 기대감의 방향성과 정도에 충족했냐 아니냐'라는 사실임을 명심하시기 바랍니다.

동일한 상황에서 경기 및 고용 지표만큼은 아니지만 물가지표 역시 중요한 역할을 하게 됩니다. 경기 위축에 대한 우려가 시장을 지배하는 상황에서 물가지표가 발표되었는데, 컨센서스 및 이전치보다 낮게 발표되었다고 가정하고 모식도의 흐름을 따라가 보겠습니다. 물가지표가 하락했다는 것은 수요의 감소가 추가적으로 진행되고 있다는 것을 의미할 가능성이 큽니다. 결국 이러한 상황은 경기 침체가 해소되기를 바라는 시장의 기대감과 반대의 상황이 벌어지게 된 것이고, 위험자산은 하방 압력을 받게 될 가능성이 큽

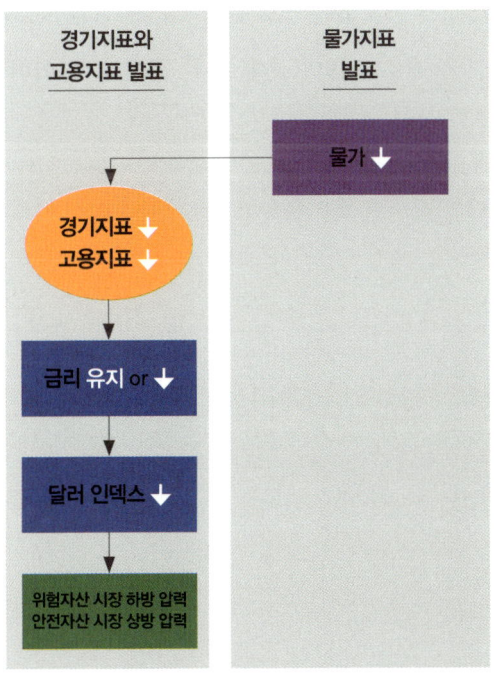

모식도 2 시장이 '현재 금리가 낮다'고 판단하는 상황

니다.

여기에 한 가지 중요한 예외적 상황이 존재합니다.

경기지표는 위축되면서 물가지표는 지속적으로 하락하는 경우, 동시에 전쟁, 공급망 붕괴, 무역 전쟁, 버블의 붕괴 등 외부 충격이 존재하는 경우 시장은 디플레이션 불황이라는 최악의 시나리오를 떠올리게 됩니다.

디플레이션 불황이란 물가 하락과 경기 침체가 같이 나타나는 현상으로, 한번 발생하면 소비 심리가 크게 위축되며 장기간 불황으로 이어지는 경우가 많습니다. 중앙은행의 정책이 작동하기 어려운 환경이며, 장기적 불황으로 길게 이어질 위험이 있습니다.

대표적인 사례로는 1990년대 이후 일본의 '잃어버린 20년'이 있습니다.

모식도 3

한국을 포함한 이머징 마켓의 증시

- 한국을 포함한 이머징 마켓의 증시는 외국인 투자자들의 수급이 매우 중요

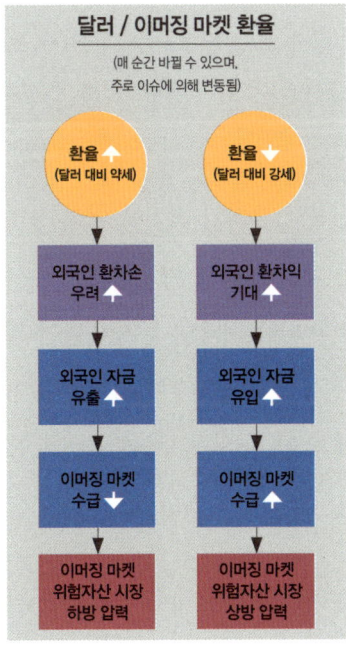
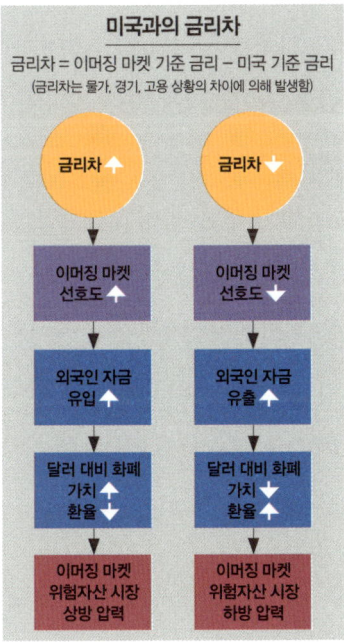

한국을 포함한 신흥국(Emerging Market)의 증시는 외국인 투자자의 수급에 매우 민감하게 반응합니다. 신흥국 증시는 자국 통화의 가치, 즉 환율과 금리에 큰 영향을 받으며, 글로벌 자본이 어떤 방향으로 움직이는지에 따라 주가가 변화하게 됩니다.

이 모식도에서는 신흥국 증시에서 외국인 투자자들의 수급에 핵심이 되는 두 가지 변수인 환율, 그리고 미국과의 금리차를 중심으로 신흥국 증시 시장이 상방 압력을 받는 경우와 하방 압력을 받는 경우를 나누어 살펴볼 수 있습니다.

환율의 움직임과 외국인 자금 흐름의 관계

신흥국 통화가 미국 달러 대비 강세 흐름을 보이는지, 약세 흐름을 보이는지에 따라 외국인 투자자들의 돈의 흐름은 달라지기 마련입니다.

만약 환율이 상승한다면, 즉 신흥국 통화가 달러에 비해 상대적 약세를 보이거나 달러가 강세를 보이는 경우 외국인 입장에서는 환차손*의 가능성이 커지게 됩니다. 즉 외국인 투자자들이 투자 수익을 올리더라도 달러 대비 신흥국 통화의 가치가 떨어졌기 때문에 다시 달러로 바꾸는 과정에서 환차손으로 인해 손실을 볼 수 있는 것입니다. 그 결과 외국인은 자산을 회수하려는 움직임을

---

* 환차손: 외화로 투자한 자산을 회수할 때 환율 하락(자국 통화 강세)으로 인해 손해를 보는 경우.

보이며, 신흥국 증시에서는 외국인 자금 유출이 증가하게 됩니다. 결국 환율이 상승할 때 신흥국 시장의 수급은 위축되고, 신흥국의 위험자산 시장에는 하방 압력이 가해지게 됩니다.

반대로 환율이 하락한다면, 즉 신흥국 통화가 달러에 비해 상대적 강세를 보이거나 달러가 약세를 보이는 경우 외국인들은 향후 환차익*에 대한 기대를 가지게 됩니다. 즉 외국인 투자자들이 가만히만 있어도 달러로 추후 바꿀 때 같은 신흥국 통화에 비해 많은 달러를 환전할 수 있기 때문에 환차익으로 인한 부수적인 수입을 얻을 수 있는 것입니다. 이에 따라 자금이 유입되고 신흥국 증시에는 긍정적인 자금 흐름이 형성됩니다. 결과적으로 시장 수급이 개선되며, 신흥국 위험자산 시장에는 상방 압력이 작용합니다.

금리차의 변화와 외국인 자금 흐름의 관계

두 번째 축은 금리차입니다. 여기서 말하는 금리차란 신흥국의 기준 금리에서 미국의 기준 금리를 뺀 값을 의미합니다. 이는 외국인 투자자들이 자금을 어느 나라에 둘지 결정할 때 중요한 기준이 됩니다.

먼저 금리차가 확대될 경우를 살펴보도록 하겠습니다. 금리차가 확대될 경우, 즉 신흥국 금리가 미국 금리에 비해 높아지는 경

---

* 환차익: 외화로 투자한 자산을 회수할 때 환율 상승(자국 통화 약세)으로 인해 이익을 보는 경우.

우에는 외국인 자금이 이자 수익이 더 높은 신흥국으로 이동하려는 경향을 보입니다. 이로 인해 신흥국에 대한 선호도가 높아지고 자금 유입이 증가하게 됩니다. 결과적으로 신흥국 통화 가치가 상승하면서 환율이 하락하고, 위험자산 시장에는 상방 압력이 형성됩니다.

반면 금리차가 축소되면, 즉 신흥국 금리가 낮아지거나 미국 금리가 올라갈 경우 신흥국의 상대적 매력이 낮아지고 자금이 미국 쪽으로 유출될 가능성이 커집니다. 이는 자국 통화가 약세로 전환되고 환율이 상승하는 결과를 낳으며, 결국 신흥국 위험자산 시장에는 하방 압력이 가중됩니다.

대표적인 상황들을 모식도로 정리하고 설명드리는 이유는, 단순히 정보의 정리를 넘어 시장 참여자들이 어떻게 반응하는지를 이해하는 사고의 틀을 제공하기 위함입니다. 다만 모식도를 이용하는 독자분들께 꼭 당부드리고 싶은 점이 하나 있습니다.

바로 시장에는 항상 '기대감'이라는 심리적 전제가 깔려 있다는 점입니다. 즉 동일한 경제지표가 동일한 방향성으로 발표되었더라도 시장이 이를 받아들이는 해석과 반응은 기대감의 방향성과 그 강도에 따라 완전히 달라질 수 있습니다.

예를 들어보겠습니다. 어떤 시점에 경기지표가 위축되었다는 뉴스가 나왔다고 가정해보겠습니다. 이 지표 하나만 본다면 당연히 부정적인 신호처럼 느껴질 수 있습니다. 하지만 시장의 가장 중요한 목표가 '인플레이션 억제'인 시점이라면, 경기 위축 신호는 물가 상승 압력이 줄어들고 있다는 긍정적인 신호로 해석되며 오히려 위험자산 시장에 상방 압력을 줄 수도 있습니다.

반면 동일한 경기 위축 지표가 디플레이션 우려가 커진 시기에 발표된다면, 시장은 이 수치를 디플레이션의 추가적인 근거로 삼고 안전자산 선호와 위험자산 회피로 반응하게 될 것입니다.

이처럼 시장은 단순히 지표 그 자체로만 움직이지 않습니다. 지표를 시장이 어떤 시각으로 바라보고 있는가, 그리고 그때 형성된 기대감이 무엇을 중심으로 구성되어 있는가에 따라 전혀 다른 해석과 움직임이 나타납니다. 시장은 숫자의 집합이 아니라 사람들의 심리가 모여 형성된 유기체라는 사실을 항상 기억하시기 바랍니다. 그 안에는 헤지펀드와 기관 투자자 같은 거대한 자본의 '고래'부터, 소규모 자본을 운용하는 '개미' 투자자들까지 수많은 형태의 투자자들이 모여 있습니다. 각각의 투자자들은 모두 각자의 이해관계와 서로 다른 투자 기간, 투자에 대한 이해도와 태도, 관점을 가지고 있으며 이 모든 것이 복합적으로 얽혀 시장을 만들어 나가게 됩니다.

따라서 투자자라면 단순히 지표를 외우고 따라가는 수준에서 멈추어서는 안 됩니다. '시장에 지금 어떤 기류가 흐르고 있는가', '시장 참여자들은 무엇을 기대하고 있는가', '시장 참여자들의 기대대로 흘러가고 있는가, 혹은 기대에 반하는 결과가 나오는가'를 끊임없이 관찰하고 사고하는 습관이 필요합니다.

    이런 맥락에서 가장 중요한 것은 시장과의 거리감을 줄이고, 시장의 생각과 심리를 자주 교감하려는 태도입니다. 시장과 멀어져 있는 시간은 곧 시장이 내리는 신호를 놓치는 시간이 되며, 시장과 주파수를 맞추지 못한다면 어느새 혼자 엇박자를 내고 있는 자신을 발견하게 될지도 모릅니다.

    그러니 언제나 시장의 말에 귀를 기울이시기 바라며, 정답은 항상 데이터 자체가 아니라 그것을 해석하는 시장의 '기대감과 반응' 안에 있다는 점을 꼭 기억해주시기 바랍니다.

부록
실전 투자에 도움이 되는 경제지표 사이트

다음은 거시경제 흐름을 분석하기 위해 참고하는 사이트의 리스트입니다.

1. FRED
https://fred.stlouisfed.org

 미국 세인트루이스 연준이 운영하는 경제지표 데이터베이스 사이트로, 거시경제지표와 시계열 데이터를 무료로 확인하고 시각화할 수 있는 사이트입니다.

2. Investing.com 경제 캘린더 및 선물 가격
https://kr.investing.com/economic-calendar

 경제지표 발표 일정과 컨센서스 및 이전치, 실시간 선물·지수·환율·상품 가격 등 다양한 금융 데이터를 종합적으로 제공하는 투자 정보 플랫폼입니다.

3. CME Fedwatch
https://www.cmegroup.com/markets/interest-rates/cme-fedwatch-tool.html

 시카고상업거래소(CME)가 제공하는 사이트로, 연방기금금리 선물시장을 기반으로 향후 금리 인상·인하 확률을 실시간 예측할 수 있습니다.

4. Inflation nowcasting
https://www.clevelandfed.org/indicators-and-data/inflation-nowcasting

 클리블랜드 연준이 제공하는 모델로 CPI, PCE 등 물가지표의 예상치를 실시간으로 추정하여 발표 전에 미리 흐름을 가늠할 수 있습니다.

5. Nick Timiraos X
https://x.com/NickTimiraos

 《월스트리트저널(WSJ)》 기자 닉 티미라오스의 X 계정으로, 연준 내부 기류나 정책 방향에 정통한 발 빠른 소식통으로 투자자들 사이에서 '연준의 입'이라 불립니다.

6. Finviz
https://finviz.com

 미국 주식시장을 시각적으로 요약해주는 사이트로, 업종별 강세·약세, 주요 종목 뉴스, 기술적 신호, ETF 흐름 등을 한눈에 파악 가능합니다.

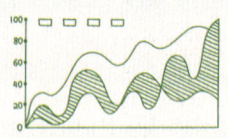

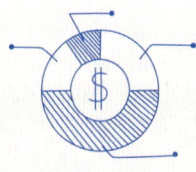

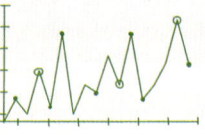

실전 투자가 강해지는
**최소한의
경제지표**

1판 1쇄 인쇄 2025년 07월 04일
1판 1쇄 발행 2025년 07월 14일

지은이 치과아저씨(팀 연세덴트)
펴낸이 김기옥

경제경영사업본부장 모민원
경제경영팀 박지선, 양영선
마케팅 박진모
경영지원 고광현
제작 김형식

디자인 푸른나무디자인
인쇄·제본 민언프린텍

펴낸곳 한스미디어(한즈미디어(주))
주소 04037 서울특별시 마포구 양화로 11길 13(서교동, 강원빌딩 5층)
전화 02-707-0337 | **팩스** 02-707-0198 | **홈페이지** www.hansmedia.com
출판신고번호 제 313-2003-227호 | **신고일자** 2003년 6월 25일

ISBN 979-11-94777-24-3 (13320)

책값은 뒤표지에 있습니다.
잘못 만들어진 책은 구입하신 서점에서 교환해 드립니다.